JN439354

# 투르크-알타이:
# 터키·중앙아시아·몽골의
# 문화이야기

투르크-알타이: 터키 · 중앙아시아 · 몽골의 문화이야기

| 초판 1쇄 인쇄일 | 2019년 8월 25일
| 초판 1쇄 발행일 | 2019년 8월 30일

| 저　　자 | 오종진, 이난아, 최선아, 양민지, 이양희, 박수현, 황영삼, 손영훈, 오은경, 김상철 · 추영민, 연상흠, 김재민, 방일권 · 오상호, 안완국, 이평래, 이대학, 장재혁, 윤지수
| 발 행 인 | 오종진
| 편　　집 | 이평래
| 표지디자인 | 김도현

| 펴 낸 곳 | 다 해
| 주　　소 | 서울시 중구 충무로 29(아시아미디어타워) 703호
| 등록번호 | 제 1-2072
| 전　　화 | 02)2266-9247
| 팩　　스 | 02)2266-9248

| ISBN | 979-11-5556-141-6 03300
| 가 격 | 15,000원

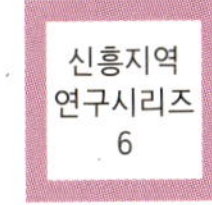


# 투르크-알타이: 터키·중앙아시아·몽골의 문화이야기

투르크-알타이 경제문화권 이해를 위하여

오종진 외

## 목차

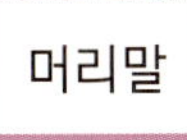

# 머리말

## 신흥국 시장의 새로운 가능성: 터키, 우즈베키스탄, 몽골

터키, 우즈베키스탄, 몽골은 우리와 언어-문화-역사적 관련성이 깊은 나라로 근래 한국기업의 진출이 확대되고 있을 뿐만 아니라 향후 다양한 분야에서 우리나라와 전략적 관계를 구축할 수 있는 나라입니다. 세 나라는 또 우리 기업이 중동, 중앙아시아, 아프리카, 러시아, 유럽 시장으로 진출하는데 가교역할을 하는 주요 거점이기도 합니다. 한국외국어대학교 중앙아시아연구소 신흥지역연구사업단은 이러한 지리-전략적(Geo-strategic) 의미를 갖고 있는 세 나라를 '투르크-알타이 경제권'이라는 새로운 패러다임으로 묶었습니다. 물론 투르크-알타이 경제권이라는 말은 학계나 일반인들 사이에서 널리 사용되고 있는 용어는 아닙니다. 그러나 이 말은 한국이 주도적으로 구축할 수 있는 지역경제협력의 개념이고, 해당 나라들 사이에서 실질적인 경제협력이 이루어지고 있기 때문에 그 발전 가능성이 충분하다고 할 수 있습니다. 나아가 독립적이고 독자적인 경제 세력을 형성하지 못한 신흥국들의 경우 경제벨트의 참여와 형성을 통한 새로운 가능성의 모색은 결코 새로운 현상이 아닙니다.

본 사업단은 한국과 이들 세 나라의 언어, 문화, 역사적 상호연관성에 주목하고, 이런 인문학적 관련성을 어떻게 경제-사회 분야로 확대시키고, 또 그 가능성이 어느 정도인지를 지속적으로 모니터링 해 왔습니다.

역사적으로 투르크계 민족들은 유라시아를 무대로 지난 2천여 년 동안 주변의 강대국들과 경합하면서 수많은 나라를 건설해 왔습니다. 흉노, 돌궐, 위구르, 키르기스, 카라한조, 셀주크조, 오스만조 등 우리에게 잘 알려진 나라들은 오늘날 중앙유라시아의 투르크계 국가인 터키, 아제르바이잔, 카자흐스탄, 우즈베키스탄, 키르기스스탄, 투르크메니스탄이 출현하는 토대가 되었습니다. 구 소련시절에는 이들 투르크계 나라들과 터키 사이에 문화 교류가 단절되고 슬라브 문화의 그늘이 짙게 드리워졌지만, 소련 해체 후 투르크계 민족국가들이 독자 노선을 걷게 되면서 유라시아 대륙에서 문화 및 언어적 공통성에 기반을 둔 신흥 투르크계 나라들이 상호 연대를 강화하고 있습니다.

본 사업단은, 포스트 소비에트 시기에 전개되었던 국제정세의 변화에 대한 평가를 통하여, 지난 2000년의 역사에서 거대한 잠재력을 보여준 투르크계 민족들이 21세기에 하나의 신흥 경제권으로 부상할 수 있을 것으로 판단하였습니다. 또한 현재 몽골 지역에 세워졌던 돌궐제국(6-8세기)이 투르크 민족 최초의 나라였던 사실이 말해주듯 터키와 몽골은 역사-문화적으로 밀접한 연관성을 갖고 있습니다. 최근 이러한 연관성은 터키와 몽골의 사회 및 경제 분야에서의 협력을 더욱 용이하게 만들고 있습니다. 또한 13-14세기 몽골제국의 4대 한국의 하나였던 차가타이한국의 중심지인 현재의 우즈베키스탄은 중앙아시아 주요 투르크계 중심국가로 부상하고 있는 상황입니다.

본 사업단은 2012-2017년에 첫 번째 연구사업인 '투르크 경제권 신흥시장 진출전략' 사업을 성공적으로 마무리하고, 두 번째 연구사업으로 시작한 '투르크-알타이 경제벨트 파트너십 구축과 한국의 대응 전략'의 2년 차를 마무리하면서 이 책을 준비하였습니다. 앞서 언급한 것처럼, 투르크-알타이 경제권은 아직 글로벌 경제권에서 뚜렷하게 부각되고 있지는 않지만, 본 사업단은 지난 2년간 새로운 주제를 가지고 다양하게 탐구한 연구 활동성과를 기초로 하여 '투르크-알타이 경제권'의 이해를 돕기 위한 교양서를 만들었습니다. 이 책은 투르크-알타이 경제권의 정치-경제 관련 내용보다는 해당 지역을 심층적으로 이해하기 위한 배경지식을 제공하는 데 초점을 맞추었습니다. 구체적으로 본서는 투르크-알타이 경제권의 정치-경제 문제가 아니라 해당 지역에 대한 인문학적 소양을 함양하는 데 도움이 되는 글을 모은 것입니다.

끝으로 본서에 실린 글들이 투르크-알타이 지역에 관심을 갖고 있는 사업가와 일반인들 그리고 학생들이 읽고 그 관심의 폭과 깊이를 더욱 확대시킬 수 있는 가이드북이 되기를 바랍니다. 본 사업단은 앞으로도 연구와 조사에 더욱 매진하여 투르크-알타이 경제권에 대한 다양한 정보를 제공하고, 한국 사회에 유용한 자료집을 생산할 수 있도록 최선의 노력을 기울일 예정입니다. 끝으로 본 사업단에 참여하여 연구와 조사 활동에 힘쓰고 있는 연구진 여러분들과 본서 출간을 위하여 좋은 글을 보내준 필자들께 마음으로부터 우러나오는 감사의 말씀을 전합니다.

2018년 8월 12일

신흥지역연구사업단 단장 **오 종 진**

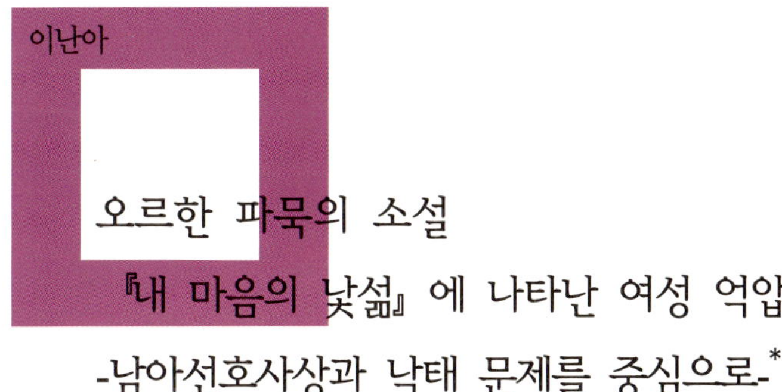

이난아

# 오르한 파묵의 소설 『내 마음의 낯섦』에 나타난 여성 억압 -남아선호사상과 낙태 문제를 중심으로-*

## 파묵, "나의 최초의 페미니즘 소설"

문학은 사회의 다양한 모습을 반영하고, 해부하여 보여주는 매

* 이 글은 서울대 아시아연구소 아시아지역웹진(http://diverseasia.snu.ac.kr/?p=1053)에 기고한 글을 수정 및 보완한 것임. 이 책이 일반인 독자를 염두에 둔 것임을 고려하여 각 주를 생략하였다.

체이기 때문에 인간이 살아가면서 경험하게 되는 억압적인 상황이나 모순을 제시해주며 비판하는 장치이기도 하다. 이러한 차원에서 문학이 사회 속에서의 남녀불평등, 성차별, 여성 억압 문제들을 소재로 다루는 것은 지극히 자연스러운 현상이라고 할 수 있다.

여성 억압 문제는 단지 한 나라에 해당되는 것이 아니라 인류 보편적인 문제이기 때문에 여성차별에 대한 공감과 해결책이 마련되어야 한다는 데에서 출발하여, 현재 국내 및 해외 문학계에서 여성 문제 인식을 다룬 문학 작품들이 활발하게 소개되면서 이에 대한 관심을 환기하고 있다.

2006년 터키문학 사상 최초로 노벨문학상을 받은 오르한 파묵(Orhan Pamuk, 1952~)은 주로 동·서양 교차로에 위치한 터키의 정체성 문제를 다루는 소설로 세계적인 작가의 반열에 올랐다. 2014년에 발표한 장편소설 『내 마음의 낯섦』(Kafamda Bir Tuhaflık)에서는 파묵 스스로 '나의 최초의 페미니즘 소설'이라고 밝힐 만큼 전작들에 비해 터키 여성들이 처한 현실들이 생생하게 드러나고 있다. 여성들에게만 강요되는 순결과 이에 대한 사회적 시선과 인식, 남아선호사상, 태아가 여아라는 이유로 감행하는 불법 낙태, 사회에서 고정관념으로 자리 잡은 여성들의 순종적인 이미지, 가정 폭력, 매매혼 등 터키의 다양한 여성 억압적 현실이 여성 등장인물들의 입을 빌려 솔직하게 묘사되고 있다.

이렇듯 『내 마음의 낯섦』은 파묵의 모든 작품들 중 터키 여성 문제에 대한 작가의 관심이 본격적으로 드러난 소설이라는 점에서 주목할 만하며, 특히 여성 문제가 주로 여성 작가들에 의해 다루어지는 반면 남성 작가가 이 문제를 다루었다는 점에서도 의미가 크다고 할 수 있다.

## 『내 마음의 낯섦』에 나타난 남아선호사상과 낙태문제

가부장적 사상과 밀접한 관련이 있는 남아선호사상은 『내 마음의 낯섦』에서 극명하게 드러나고 있다. 세 딸을 키워 시집보내는 압두르라흐만 에펜디는 모든 사위들로부터 신부 몸값을 받아내려고 한다. 여식을 키운 가치를 물질적으로 돌려받겠다는 그의 생각을 통해 터키 사회에서 여성의 매매혼이 암암리에 지속되고 있으며, 이로써 여성을 물화하는 전통이 여전히 잔존하고 있음을 알 수 있다.

웨디하, 사미하, 라이하라는 이름의 세 딸을 둔 아버지로 등장하는 압두르라흐만 에펜디는 아들을 낳으려는 욕망 때문에 네 번째 자식을 원했지만, 갓 태어난 아들과 아내를 동시에 잃게 된다. 그는 딸들을 소중하게 여기면서도 아들을 선호하고 중요시하는 이중성을 보이고 있다. 그는 소설에서 자신뿐만 아니라, 터키 사회의 남아선호사상에 대한 일반적 견해도 밝히기를 꺼리지 않는다.

> "이 나라에서 모든 아버지들은 가장 현대적인 사람들조차 딸이 아니라 아들이 태어나길 기도하고, 이슬람 현인들에게가 주술을 걸어 달라 하고, 사원들을 돌아다니며 신에게 애원한다."

이렇듯 소설 초반부터 아들을 얻기 위한 아버지들의 욕망이 드러나고 있으며, 이는 장차 이 작품에서 남아선호사상 문제가 확장되어 다루어질 것이라는 암시로 해석할 수 있다.

> "용감한 아들 셋과 이스탄불로 가서 도시 밖 언덕에 우리 집을 짓고 도시를 정복할 생각을 했다. 그런데 세 아들이 아니라 세 딸이 태어났다."

압두르라흐만 씨의 이 독백은 아들이 태어나면 함께 대도시로 가 성공하고 싶었던 바람과는 반대로 딸이 태어난 것에 대한 실망감을 표현하고 있다. 남성 중심적인 사회에서는 자연히 여아보다 남아를 선호하게 되고, 남아를 못 낳는 것은 여성들에게 커다란 압박으로 다가오기 때문에, 건강이 허락하지 않아도 남아를 낳기 위해 목숨을 걸고 출산을 감행하게 된다.

> "셋째 딸 사미하를 낳은 후 악마의 속삭임에 귀를 기울이고 말았다. 아들은 낳고 싶은 꿈에 휩싸여 네 번째 아이를 낳는 것을 마다하지 않았다. 태어나자마자 무라트라는 이름을 지어준 아들이 생기기는 했다. 하지만 출산 후 한 시간이 지나 숭고한 신은 아이뿐만 아니라 피범벅이 된 엄마를 부르자 나의 무라트와 아내는 순식간에 천사들이 있는 곳으로 올라가고 나는 홀아비가, 세 딸은 엄마 없는 아이들이 되었다."

그는 아들을 얻고자 하는 욕망으로 네 번째 아이를 만들었고, 태어난 아이가 그토록 바라던 아들이었으나 아이는 세상 빛을 본지 얼마 지나지 않아 산모와 함께 죽고 만다. 이는 터키 사회의 남아 선호 풍조가 불러온 비극에 다름 아니다.

터키의 남아선호사상에 기인한 남존여비 사상은 "Oğlan doğuran övünsün, kız doğuran dövünsün"이라는 속담에서도 드러난다. 물론 이 속담은 남성의 수가 생산성의 증대와 연결되던 시대의 산물이지만, '아들은 낳은 산모는 자랑스러워하고, 딸을 낳은 산모는 애통해하는 것'에 그치지 않고, 타인들의 비난도 감수해야 한다는 본래의 의미는 변하지 않는다.

한편, 메블루트와 라이하가 장차 태어날 자녀 이름을 정하는 장면을 보면, 남아선호사상이 얼마나 터키 사회에 뿌리 깊게 존재하고 있는지 가늠할 수 있다.

> "저녁 식사 전에 텔레비전을 보다가 광고 시간이 되면 책장을 넘기며 누룰라흐, 압둘라흐, 사둘라흐, 파즐랄라흐 하며 소리 내어 읽고는 동의를 구하기 위해 나를 쳐다보았다. 나는 마음에 상처를 줄까 봐 우리 아기가 딸이라는 사실을 도무지 이야기할 수 없었다."

라이하는 두 딸을 낳았는데, 임신을 할 때마다 태어날 아이가 여아인지 남아인지 불안에 떨면서 노심초사한다. 메블루트가 남아의 이름만을 찾기는 하지만 실제로 자신의 딸을 몹시 사랑하는 인물이기도 하다. 이를 미루어보아 남아선호사상이 단순히 개인의 선호에 의거한 것이 아니라 남성 중심 사회로부터 기인한 것임을 알 수 있다. 즉 터키가 남성 중심 사회이기 때문에 여성을 타자화하고 하위로 보는 구조로 인해 남아선호사상이 생겼으며, 이는 다시 여성을 억압하는 악순환을 만들어내는 것이다.

가부장적인 사고방식의 연장 선상에서의 남아선호 사상은 메블루트가 인식하지 못하는 사이에 그의 머릿속에 뿌리 깊게 박혀 있다. 메블루트는 라이하가 임신을 하자 이번에는 아들이라고 확신하며 작명 책에서 여자 이름이 아니라 남자 이름들이 나오는 부분만을 열심히 살펴본다. 메블루트는 아내가 임신한 아기가 여자아이일 수도 있다는 것 자체를 고려하지 않고 남자아이 이름들만 주의 깊게 살핀다.

라이하는 둘째 아이를 임신하게 되자, 여자 이름을 검토해보면 반대로 남아가 태어날 수 있을 거라는 생각을 하며 신의 뜻이 담긴 여자 이름이 있는지 찾아보라고 메블루트에게 말한다.

> "'메블루트는, '신의 의미가 담긴 여자 이름은 있을 수 없어!'라고 했다.

메블루트가 한 치도 주저하지 않고, '신의 의미가 담긴 여자 이름은 있을 수 없어'라고 대답한 것은, 여자에게 신성한 신의 의미를 부여할 수 없다는 뜻이다. 메블루트와 라이하 둘 다 이슬람을 믿는 신자임에도 불구하고, 신의 의미가 담긴 여자 이름이 없다고 말하는 것은 성차별적이며, 가부장적 사고에서 기인한 것이라고 할 수 있다. 시간이 흐르면서 라이하는 자신이 임신한 둘째 아이도 딸일 수도 있다는 두려움 때문에 다음과 같이 생각한다.

"배 속에 있는 아기가 아들이라는 것을 확인할 때까지 메블루트에게 절대로 말하지 않을 것이다. 아들이 아니면 어쩌지?"

이 독백에서 우리는 라이하가 고귀한 생명을 잉태했음에도 불구하고, 임신한 아이가 아들이 아닐 수도 있다는 불안감에 휩싸여 초조해하면서 정신적 압박에 시달리고 있는 것을 볼 수 있다. 가족 구성원들 간의 유대는 성별과 나이와 관계없이 동등해야 한다는 기본 전제가 있어야 하며, 여아도 최소한 남아만큼이나 중요하고 가치가 있다는 의식이야말로 한 사회의 민주화 과정의 기본이며, 그 지름길은 바로 가부장적 사회에서 탈피하는 것이다.

한편, 라이하가 셋째 아이를 임신한 것을 알게 된 메블루트는 이번에는 배 속에 있는 아이가 아들일지도 모른다는 생각에 흥분에 들떠 상상을 한다.

"아이의 이름은 메블리드한이 될 것이다. 메블루트는 무굴제국의 시조 바부르 칸에게 세 명의 용감한 아들이 있었기 때문에 인도를 정복했고, 칭기즈칸은 네 명의 충직한 아들 덕분에 세계가 가장 두려워하는 왕이 되었다는 사실을 떠올렸다. 아버지는 이스탄불로 온 초기에 아들이 옆에 없어 성공하지 못했으며 (…)"

메블루트가 이렇게 장차 아들과 함께 이룩할 미래에 대해 달콤한 꿈을 꾸고 있는 사이, 라이하는 이번에도 복중의 태아가 딸이라는 것을 알게 된다. 그녀는 낙태를 원하지만, 남편 메블루트의 동의를 얻지 못해 법으로 정한 낙태 가능 주수인 십 주를 초과하게 되자 스스로 원시적인 방법으로 낙태를 시도하다 목숨을 잃게 된다. 남편의 허락이 있어야 낙태할 수 있다는 조건은 바로 여성이 남자의 소유물이자 자신의 몸에 대한 권리를 박탈당했다는 의미이다.

터키에서는 1980년대 초에 공화인민당(CHP) 소속 국회의원인 차을라얀 에게(Cağayan Ege)가 국립병원에서 낙태를 허용하자는 법안을 제출했다. 그는 농촌에서 여성들이 지극히 원시적인 방법으로 낙태를 시도하고 있으며, 불완전한 낙태 조건으로 인해 여성들이 불구가 되거나 죽음에 이른다는 것에 주목했다. 하지만 이 법안은 다른 국회의원들의 반대로 통과되지 못했다.

경제적 지표와 더불어 그 사회의 여성 문제를 잘 알 수 있는 지표는 여성이 여성의 몸에 관한 결정을 스스로 할 수 있는지 없는지 여부이다. OECD 회원국 35개국 중 산모의 의지에 의한 임신중절 즉 낙태가 허용된 국가는 25개국이고, 예외적으로 사회경제적 사유에 의한 낙태를 허용하는 4개국까지 합하면 OECD 회원국 80%인 29개국에서 임신중절을 허용하고 있는 상황이다.

소설에서 묘사되고 있는 큰딸 웨디하의 독백은 낙태를 둘러싼 터키 사회의 풍경을 다음과 같이 단적으로 보여주고 있다.

> "나는 케난 에브렌 장군이 1980년에 군사 쿠데타를 일으키고 삼 년이 지나 좋은 일을 했는데, 그건 미혼 여성에게 임신한 지 십 주 전까지는 병원에서 낙태 수술을 받을 권리를 주었다고 말했다. 이 권리는 혼전에 사랑을 나눌 수 있는 미혼의 용감한 도시 여성에게 유용했다. 기혼 여성이 이 권리를 누리기 위해서는 남편들을 설득하여 낙태하는데 동의한다는 사인을 받아야 했다. 둣테페에 사는 많은 남편들은 그럴 필요가 뭐 있어, 죄악이야, 애들이 크면 우릴 보살피겠지 하며 사인을 해주지 않았다. 이렇게 해서 여성들은 남편들과 기나긴 싸움을 한 후에 네 번째, 다섯 번째 아이들을 낳았다. 어떤 여자들은 서로에게서 배운 원시적인 방법으로 낙태를 시키기도 했다."

이렇듯 미혼 여성에게 주어졌던 십 주 전 태아에 대한 낙태 허용은 기혼 여성에게는 쉽게 허락되지 않았으며 반드시 남편을 대동하여 혼인 증명서를 제출한 후에야 이루어졌다. 이는 여성이 자신의 몸에 관해 결정할 권리 혹은 선택권을 '남편'과 나누어 가졌다는 것을 의미하며 자신의 몸에 대해 자유로운 결정을 할 수 없다는 의미에서 가부장적 제도의 연속으로 해석할 수 있다.

국제연합 경제사회국 인구분과(United Nations, Department of Economic and Social Affairs, Population Division)의 보고에 따르면, 터키의 경우는 2013년 기준, 임산부의 생명 및 신체적·정신적 건강이 위협을 받을 경우, 성폭행에 의한 경우, 태아에게서 결함이 발견된 경우, 경제적·사회적 이유, 임산부의 요청이 있을 경우 모두 임신 중절이 합법이다. 터키는 이슬람 국가들 중에서 유일하게 낙태를 허용하고 있는 것으로 나타났다.

안전하지 못한 낙태는 세계 곳곳에서 행해지고 있으며 그로 인해 많은 여성들은 생명을 잃거나 장애를 가지게 된다. WHO(World Health Organization)에 의하면 불안전한 낙태는 매해 2천 2백만 건으로 추정되며, 4만 7천 명의 여성이 낙태로 죽음에 이르고 5백만 명의 여성은 낙태로 인한 장애를 가지는 것으로 추정된다.

여성을 죽음까지 몰고 가는 안전하지 않은 낙태를 선택하는 데에는 해당 국가의 낙태 정책과 안전한 낙태 수술 접근성 등 많은 요인이 있지만, 여성에게 일방적으로 책임지우는 관행은 지양해야 할 것이다. 태아의 생명권 역시 중요하지만 여성의 신체에 대한 자기 결정권 역시 간과할 수 없는 중요한 사안인 만큼 사회적, 법적 논의가 이루어지는 새로운 공론의 장이 열려야 할 것이다.

## 정리

터키가 서구의 영향으로 다양한 법적 제도의 변화를 거치면서 여성 문제를 개선하려고 노력해오고 있음에도 불구하고, 오랜 세월 동안 세습되어온 남성 중심 사회의 가부장적 이데올로기와 이슬람 이데올로기로 인한 삶의 방식은 지속적으로 여성을 억압해왔다. 그럼에도 불구하고 여성이 과거보다 훨씬 더 자유롭게 자신을 표현하고, 개방적으로 살아가고 있으며, 남성들의 인식 또한 이러한 변화에 맞춰 남녀 차별적 인식이 상당 부분 개선된 것도 인정해야 할 부분이다.

소설 『내 마음의 낯섦』은 주인공 메블루트의 삶을 중심으로 이야기가 전개되지만, 여성들의 애환과 고통, 희생과 인간적인 면모들도 심도 있게 드러나면서, 여성이 소설 속에서 비중 있는 주체로 다뤄지고 있는 것을 넘어 그녀들의 사고를 통해 드러나고 있는 여성 인권 문제들이 눈길을 끈다.

터키 사회에서 여성은 가부장적 사상의 권위와 질서, 전통 속에서 여전히 약자로 살아가고 있는 것이 현실이다. 여성에 대한 억압은 기본적으로 여성을 남성과 동등한 주체적인 존재로 인정하지 않고 열등한 존재, 남성에게 종속된 존재로 여기는 사고에 기인한다.

터키는 법적으로 남녀의 지위가 동등하다고 하지만 여성 인권 문제의 심각성은 그다지 개선되지 않고 있다. 남성들뿐만 아니라, 여성들도 이러한 여성 인권 문제에 대한 인식이 부족했고, 사회적 악습과 무의식적인 성차별적 사고방식으로 인해 여성은 현재도 불평등을 겪으며 살아가고 있다. 터키에서의 남성 중심적 사고와 일맥상통하는 가부장적 사회에서 나타나는 여성 억압 문제는 이에 대한 모순된 인식을 올바르게 정립함으로써 개선될 수 있을 것으로 사료된다.

가부장적 사고, 남아선호사상, 낙태는 서로 독립된 것이 아니라 맞물려 있는 문제이다. 임신 중절 권리를 제공하는 제도에 배우자의 동의가 필요하다는 조항은 여성의 자기 신체 결정권에 남성의 권위가 행사된다는 함의를 가지고 있다. 이는 여성이 자신의 몸으로부터 타자화되는 억압을 상징한다. 낙태 그 자체 행위로만 평가할 것이 아니라 사회적 맥락, 윤리적 차원 그리고 여성의 인권 차원을 함께 고려하여 접점을 모색해야 할 것이다.

이 지면에서 다룬 문제는 비단 터키에 국한되지 않고 이슬람 문화권의 많은 국가들에서 발생하고 있다. 동시대에 살아가는 우리 역시 부당하다고 여겨지는 이슬람 문화권의 여성 인권, 여성 차별 문제에 대해 함께 고민하고 슬기로운 해결 방법 모색에 적극적인 관심을 가져야 할 것이다.

이난아 (한국외국어대학교 터키-아제르바이잔어과 외래교수)

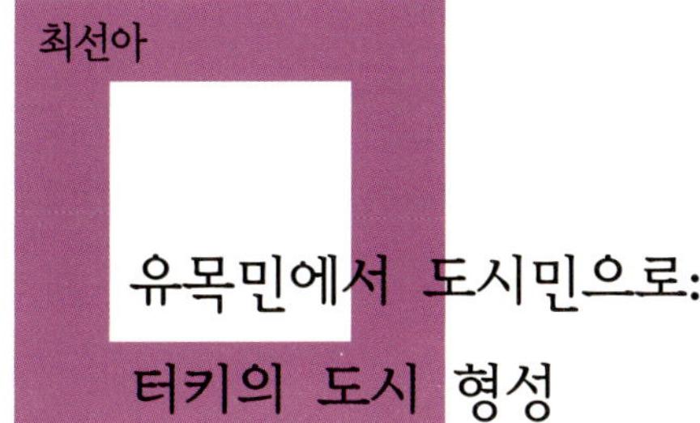

최선아

# 유목민에서 도시민으로: 터키의 도시 형성

도시는 비농업 경제활동에 종사하는 사람들이 일정한 지역 내에 밀집되어 공동생활을 유지하는 곳을 말한다. 그렇기 때문에 도시는 당연히 유목민의 문화라기보다는 정주민의 문화이며 사회구조이다. 그러나 모든 정주민이 도시를 형성하는 것은 아니다. 정주민 중에서도 농업 활동만을 영위하거나, 기초적 비농업 경제 활동만을 지속하는 경우 도시가 형성되지 않는다. 도시는 성과 궁전을 짓고, 공방과 시장을 만드는 것만으로 형성되는 것 또한 아니다.

도시를 지속할 수 있게 하는 사회 경제 체제도 함께 발전해야 하고 역으로 사회 경제 체제는 도시 형태에 반영된다.

현대 터키 공화국이 존재하는 아나톨리아 반도에 자리 잡았던 투르크인들은 잘 알려진 바와 같이 유목민이었다. 투르크인들이 항상 유목 생활만을 한 것은 아니었다. 인접 지역의 정주민의 생활을 가까이서 지켜보며 그들과 교류하기도 하였고 시대와 생활 환경에 따라 농업 생활을 하다 일정 시기 유목을 하는 반농·반유목 생활을 하기도 하였으며, 온전한 정주민 사회를 이루기도 하였다. 물론 도시를 형성한 경우도 있었다. 이 글에서는 이들 투르크족이 아나톨리아 반도에서 어떤 과정을 통해 도시화가 되었는지, 또 그 도시는 어떤 모습이었는지를 살펴보고자 한다.

## 셀주크시대에서 오스만 초기까지의 도시화

먼저 투르크인들의 아나톨리아 반도에서의 도시화 과정을 알기 위해서는 잠시 비잔틴 시대의 도시에 대해서 알아볼 필요가 있다. 왜냐하면, 투르크인들이 도시를 만드는 과정에서 처음부터 새로 만들기 시작한 곳도 있으나, 비잔틴인들의 도시를 다시 재사용하기도 했기 때문이다. 비잔틴의 도시는 7세기 이후부터 기울기 시작했다. 고도화된 농업기술을 모르던 용병이 다수 비잔틴에 정착하며 도시민을 먹여 살릴 수 있는 농업 생산 능력이 저하되었다는 점과 아랍과 이란의 침략, 무역의 저하 등이 비잔틴 도시 몰락의 원인으로 꼽힌다. 이 시기의 비잔틴 도시의 특징이라면 주로 도시민이 대부분 성내(城內)로 후퇴하고 거주지가 있던 자리에 새 성벽을 축조하여 도시가 축소되었다는 점이다.

1071년 만지케르트 전투에서 셀주크 군이 비잔틴을 상대로 승리한 이래로 12세기 중반까지 투르크인은 아나톨리아에 정착 생활을 시작하지만, 아직은 유목민적인 특성이 더 강했다. 투르크인이 본격적으로 정주하며 도시를 형성하게 되는 것은 12세기 후반이 되어서였다. 이 시기에 비잔틴이 투르크에 반격하며 서부 해안을 재정복하자 투르크인은 힘을 모을 구심점이 필요했다. 즉, 도시를 만들 필요를 느낀 것이다. 그 예 중 하나가 셀주크 조의 수도였던 콘야(Konya)이다.

당시 투르크 도시의 특징 중 하나는 성의 필요성을 별로 느끼지 못하는 구조라는 점이다. 앞서 말한 것처럼 기존 비잔틴의 도시는 성벽 내로 축소된 상태였는데, 투르크인은 성벽 바깥으로 나와 그들에게 필수적이었던 모스크와 대상숙소(caravanserai), 목욕

탕, 마드라사 등을 지으며 도시를 확장했다.

셀주크 시대 도시의 형태는 크게 두 가지로 분류할 수 있다. 첫 번째는 도시의 대부분이 성벽으로 둘러싸인 형태이다. 성벽은 대체로 이중으로 되어있는데 외성과 내성의 구분이라기보다는 내성과 아성(牙城:방어를 위한 요새화된 탑)의 구분에 가깝다. 앞서 말한 것과 같이 도시는 성벽 바깥으로도 확장되는데, 도시 중심지에는 상업지구가 존재하나 동시에 성 밖으로도 일부 상업지구가 존재한다. 이는 대체로 대상숙소를 이용하는 상인의 편의를 위해서라고 생각된다. 그리고 정육점과 같이 성벽 내에 존재하기에는 꺼려지는 형태의 상점도 성 밖에 있을 것이라고 추측하고 있다. 기존 비잔틴 성벽을 이용해 건설한 콘야의 경우 첫 번째 모델의 도시였다.

콘야는 초기에는 알라엣딘 테페시(Alaeddin Tepesi)에 존재하던 비잔틴 시대의 성벽을 이용하여 적을 방어했다고 한다. 점차 늘어나던 거주민과 상업 지구는 성벽 밖으로 이동하며 도시는 커지게 된다. 이렇게 성장한 도시에서 기존 성벽의 역할을 대신할 성벽을 새롭게 쌓게 된다. 1221년에 만들어진 4km에 달하는 이 성벽은 인간, 천사, 물고기, 용, 사자, 쌍두 독수리 같은 다양한 문양이 양각으로 조각되었다. 이 화려한 성벽에 역할을 빼앗긴 기존 성벽과 방어 시설은 아성이 되었다. 13세기 아성 쪽에는 현재 이름을 확인할 수 있는 마을만 해도 11개였고, 그 외에 40~50여 개의 마을이 외성 쪽을 중심으로 존재했다고 추측한다.

두 번째 도시 모델은 도시가 성벽으로 둘러싸이지 않은 형식이다. 물론 이런 형식의 도시라고 해서 성벽이 존재하지 않았다는 의미는 아니다. 성벽은 여전히 방어의 역할을 하고 필요에 따라 증축되기도 했다. 앞선 형태와 가장 큰 차이점은 상업지구가 성벽 바깥을 중심으로 발달했다는 점이다. 여전히 유목 생활을 하는 일부 이주자들이 상거래를 위해 도시를 방문할 때, 동물과 함께 성벽 내로 진입하는 것은 도시민에게도, 유목민에게도 썩 반길만한 일은 아니었다. 이는 유목민 거래자에게만 해당하는 것은 아니다. 당시 도시 경제에 많은 영향을 끼친 대상의 무역 거래에서도 마찬가지였다. 성벽 바깥의 상업지구 발달로 인해 모스크와 같은 주요 시설 역시 성벽 바깥에서 자주 건설되었다. 대상 무역이 도시 내 상업보다 발달했던 셀주크 시대에는 이 두 번째 모델의 도시를 선호했다고 한다.

공국(Beylik) 시대의 도시에 관해서는 남아있는 자료도 적고 아나톨리아 반도에 산재한 다양한 공국 아래 많은 도시가 만들어졌기에 특정 도시 형식이 주류를 이루었다고 말하기 어렵다. 다만,

공국 시대에는 통일된 지배력이 없어 아나톨리아 반도 전체의 안정성이 떨어져 무역과 상거래가 저하되었다는 점과 현재 남아있는 공국 시대의 건축물의 크기가 그다지 크지 않은 것으로 보아 도시의 기능은 이전보다 쇠퇴하였을 것으로 보인다. 축소된 도시에 일부 도시민이 살고 일부는 다시 반농·반유목 생활을 했던 것으로 추정하고 있다.

오스만 시대의 도시화는 공국 시대와 일부 겹치게 된다. 오스만 시대의 경우 아나톨리아 반도 서부에서 오스만이 건국되고 동부 일한국이 주요 도시를 모두 파괴한 상태였다. 다시 도시를 재건하는 것은 50년 후에야 가능하게 된다.

공국 시대 이후 도시화에 있어 획기적인 전환점 중 하나는 오스만의 발칸 지역과 마르마라 지역의 정복이다. 12세기~15세기 발칸 지역을 정복하며 농촌 지역과 도시를 함께 손에 넣게 된다. 이것은 도시 경제의 기반이 되는 농촌 경제까지 지배했다는 의미이다. 이로 인해 정치 경제의 중심지가 서쪽으로 이동하게 되었다. 더하여 1420년 티무르의 침략으로 인해 불안함을 느낀 동부 거주자들은 서쪽으로 이주하게 되었고 이 지역에서 투르크인들의 도시가 본격적으로 형성되었다. 그 예 중 하나가 1326년에서 1365년까지 오스만 제국의 수도였던 부르사(Bursa)이다. 서부 지역의 정복 덕에 인근 해안의 항구도시와 연결된 도로망을 통해 부르사로 물자가 집중될 수 있었고 이 물자는 부르사를 통해 다시 아나톨리아 반도 내로 판매될 수 있었다. 당시 부르사의 첫 번째 대규모 건축물이 대상숙소였다는 점을 떠올려 본다면 쉽게 이해할 수 있으리라.

오스만 시대의 도시 형성의 특징은 도시 중심에서 바깥으로 확장되는 것뿐만 아니라 원도심 바깥에서 새로운 도심이 형성되어 원도심 방향으로 뻗어 나간다는 점이다. 즉, 양방향에서 비대해진다. 이 부분에서 알 수 있는 것은 오스만 시대에도 여전히 투르크인들은 성벽의 중요성을 크게 생각하지 않았다는 점이다.

## 대상숙소와 베데스텐

셀주크 시대의 두 번째 모델의 도시나 오스만 시대에 상업 지구는 성 밖에서 형성되게 된다. 오스만 시대의 초기의 수도였던 에드리네(Edrine)에서도 마찬가지였다. 원래의 에드리네는 주둔지 역할 이상을 하지 못했던 작은 성내 도시였으나, 오스만 시대 이후에는 성벽 바깥으로 사람들이 이주하며 도시가 거대화된다. 이 당시 활동하던 아히(Ahi)라고 하던 상공업에 중점을 둔 집단의 활동과 에스나프(Esnaf)라고 불리던 일종의 상공 길드의 성장 역시 도시화의 한 축을 담당하게 된다. 성벽 바깥에는 베데스텐(Bedesten: 천장이 있는 시장 또는 상가)를 건설하고 이곳을 중심으로 상공업이 집중되는 경향을 보였다. 장인과 상인들은 유사업종끼리 물리적으로 가까운 위치에 있었다. 지금의 먹거리 골목이나 가구 거리 같은 것을 상상하면 된다.

지금의 이스탄불(Istanbul)에서도 베데스텐의 흔적이 남아있다. 술탄 메흐메드 2세는 1473년 전 큰 시장인 뷔윅 차르쉬(Büyük Çarışı)의 남쪽에 비단 상인들을 위한 새로운 베데스텐을 건설한다. 산달 베데스텐(Sandal Bedseten)으로 알려진 이 베데스텐을 포함하여 시장은 점점 거대해지고 12개의 대문과 20개의 소문이 있는 대형 시장으로 발전한다. 이곳은 한국에도 많이 알려져 있다. 우리가 알고 있는 바로 그 그랜드 바자르(Grand Bazzar)이다.

베데스텐의 건설은 대체로 계획적으로 만들어진 것은 아니었다. 다만, 이전 시기에 비하여 상업에 대한 더 진지한 시각을 보여준다. 아마도 셀주크 시대에도 비슷한 기능의 건축물이 있었을 것이라 추정되나 지금까지 전해오는 기록이나 건축물의 흔적은 없다. 오히려 대상숙소가 많이 전해 내려오는 것을 보아 셀주크 시대에 국가 간의 무역에 상업이 집중되었다면, 오스만 시대의 경우 좀 더 도시 내 경제 활동에 무게를 두었다고 설명할 수 있다.

## 종교와 인종별로 모인 마을

도시를 이루는 기초적인 단위 중 하나인 마을은 앞서 언급한 상업지구와 달리 주거지라 할 수 있다. 마을은 보통 모스크나 메스지드(mescit: 터키어에서 메스지드는 설교단이 없는 작은 모스크로를 의미한다.)를 중심으로 형성된다. 11~13세기의 마을 이름에는 메스지드나 모스크의 이름이 없고 비잔틴 시대의 마을 이름을 터키어 식으로 읽은 것이 대부분이었다. 이를 통해 유목 이주민들이 여기에 단체로 자리 잡지 않았다고 생각된다. 그리고 마을은 벽으로 둘러싸여 있지 않은 것으로 보인다. 사실 공국 시대와 오스만 시대의 마을은 어떤 물리적 단위라기보다는 사회적 단위에 가깝다. 즉, 인종(종교)별로 모인 집합체였던 것이다.

오스만 제국 초기 시절에는 성내에는 기독교가 살았고, 성외나 주변 지역에 투르크가 살았다. 이는 종교적인 차이라기보다는 도시민으로서 얼마나 적응했는가의 문제에 가까웠다. 원래 이 도시에 살고 있던 기독교인과 서부로 이주한 도시화 된 투르크인들은 성내에서 함께 할 수 있었지만, 아직 도시화되지 않아 유목민적 특성이 더 많았던 투르크인들은 성외에 새로 생긴 신도심에 사는 것이 편했다. 따라서 신도심은 도심의 모습보다 좀 더 농촌의 모습을 띠게 된다.

## 모스크

무슬림 거주지는 앞서 말한 바와 같이 모스크를 중심으로 발달했는데, 이 모스크는 마을 사람의 수에 비례해서 존재한 것으로 알려져 있다. 큰 도시에 존재하는 대 모스크(ulu cami)의 경우, 유럽의 대성당(Cathedral)과 같은 성격은 전혀 없었다. 모든 모스크는 동일한 가치를 가지고 있기 때문이었다. 그렇다면, 대 모스크라는 이름은 왜 존재할까. 10세기까지 시리아나 이라크, 이집트, 중앙아시아와 이란에서 금요 예배를 드릴 수 있는 모스크는 보통 도시당 하나라는 생각이 지배적이었다. 그러나 셀주크 시대 이후 아나톨리아의 경우에는 도시민의 수에 비례해서 하나 이상의 대모스크라는 것이 존재했다. 사실 대모스크라는 이름 자체도 공식적으로 쓰인 것은 15세기 이후부터였다. 대모스크라는 개념은 아마도 사용자들이 원래의 사용법에 대하여 인지하지 못한 채, 다른 모스크에 비해 크고 금요예배를 볼만한 모스크에 붙인 것으로 보인다.

## 성 바깥의 궁전

상업 지구와 거주지 말고도 도시를 구성하는 또 다른 요소 중 하나는 행정기관과 궁이다. 오스만 시대의 도시의 흥미로운 점 중 하나는 행정기관으로 이용되는 건물이 거의 없다는 점이다. 행정 업무를 각자 자택에서 보는 경우가 많았기 때문이다.

궁의 경우 비잔틴과 다른 이슬람국가와는 달리 도시 중심에 위치하지 않았다. 정복한 도시의 궁이 아직 사용할 수 있거나 이전할 필요가 없다면 수리를 하여 사용했지만, 새로 짓는 궁은 대개 성 밖의 거주지 근처에 있었다. 셀주크 시대 콘야에 존재했던 궁은 성 밖 거주지와 가까웠던 알라엣딘 테페시에 있었고, 공국 시대의 궁에 대해서 알려진 바는 많지 않지만, 이븐 바투타의 여행기에 따르면 대체로 궁 밖에 존재했다고 한다. 오스만 제국의 궁

전인 톱카프 궁(Topkapı sarayı) 역시 비잔틴 시대에는 거주지 근처의 공터였던 곳에 세워졌다. 오스만 제국의 초기 수도였던 에드리네와 부르사 역시 크게 다르지 않았다. 그 이유에 대해서는 여러 가지 학설이 있는데 첫째로는 이미 도시 내에 많은 건물이 있어 적절한 자리를 찾지 못했다는 학설과 두 번째는 여전히 유목민의 관습이 혼재했기 때문이라는 학설이다. 유목민의 이동 거주지인 천막(çadır)은 셀주크 시대에도 여전히 중요했다. 군대는 성 밖에 천막을 치고 생활했다고 한다. 그런 군의 지휘자인 왕의 거주지 역시 그곳에 가까울 수밖에 없었으며 오스만 시대에도 그 자유로움과 기동성을 완전히 버리지는 못하여 일종의 타협점처럼 도심이 아닌 곳에 궁을 지었다는 학설이다. 다만 이 학설을 지지할 만한 충분한 증거자료는 아직 존재하지 않는다.

## 도로와 막다른 길

거주지, 상업지, 행정기관 이외에도 도시를 구성하는 것 중 하나는 도로이다. 도시와 다른 도시, 또는 농촌을 연결하는 도로와 도시 내에 존재하는 도로는 도시의 성격을 보여준다. 사실 12세기부터 아나톨리아의 도로는 크게 변하지 않았다. 대체로 큰길과 골목이 잘 구분되지 않았고 막다른 길이 많았다. 이것은 어떤 행정력이 있는 건물이 드물고 상업 지대가 분산되어 있었기에 집중력 있는 대로를 만들 필요성을 못 느꼈기 때문이라 할 수 있다. 막다른 길이 많은 것은 도시가 자연적으로 형성되었고 인구의 급속한 증가에 따라 길을 끊어가며 건물을 증축한 것 때문이라고 보인다. 그 예 중 하나로 오늘날 이스탄불 골든혼 항구 지역에 군대와 대상들이 지나던 디반욜루(Divan Yolu)라는 대로(大路) 양옆에는 퀼리예와 한(Han: 대상 숙소), 대형 시장이 자리하였는데 이 지역에서 항구를 기점으로 하는 몇몇 주요 도로를 제외하고, 작은 길과 골목은 비규칙적으로 뻗어있으며 막다른 골목 역시 자주 발견된다.

## 광장

도로가 자연적으로 모여 만들어낸 것 중 하나가 광장이다. 사실 서구적인 개념의 광장, 즉 '최소 세 면이 건축물로 둘러싸인 명확한 기하학적 모양'의 광장은 투르크 시대의 아나톨리아 반도 도시에는 존재하지 않았다. 그러나 도시의 사회적인 기능, 도시 공동체의 모임 공간으로 쓰인다는 개념의 광장은 셀주크 시대부터 존재했다. 길과 길이 만나는 접점지대의 공터에서 각종 연희 행사가 벌어지기도 하였다. 오스만 시대 중기 이후로는 모스크 앞의 일정 공간이 광장으로 쓰이기도 했다.

## 와크프

오스만 시대에는 이 모든 도시 요소의 기반 시설인 물과 위생, 교육 등을 와크프(vakıf: 이슬람 세계의 자선재단을 뜻함)가 담당하게 된다. 와크프는 도시의 중요 요소였지만 또한 도시 발달의 방해요소기도 했다. 와크프의 결정은 중앙정부나 도시 정부의 결정이 아닌 개인의 결정에 가까웠고, 중앙 집중적이지 않은 힘이 도시 곳곳에 산재해 있어 도심이 발달하지 못했다. 또한, 와크프 시스템은 연속적이지 않은 부분이 있어 도시 기반 시설이 쉽게 몰락하기에 새로운 세대에는 도시 기반 시설을 다시 정비해야 하는 소모적인 부분이 있었다.

## 도시계획의 탄생

투르크인들이 아나톨리아 반도로 온 이래로 건설된 새로운 도시는 기존의 도시와도 다르고 다른 국가와도 다른 도시의 양상을 보여 왔다. 대체로 자연적인 도시 형성의 전통은 터키 공화국이 건립된 이후로 사라지게 된다. 새로운 수도인 앙카라(Ankara)가 대표적인 예다. 터키는 폐허가 되었던 앙카라를 수도에 걸맞은 모습으로 바꾸고 공무원의 급증으로 인한 주택 문제 해결을 위해 도시 계획자이자 건축가인 칼 크리스토프 로쉐르(Carl Christoph Lörcher)에게 도시 계획을 맡긴다. 물론 로쉐르의 계획도, 로쉐르 이후 앙카라의 도시계획을 담당한 헤르만 얀센(Hermann Jansen)의 도시 계획도 앙카라의 빠른 성장을 감당하지 못한 채 중도 폐기되고 만다. 그러나 그 이후에도 터키 정부는 지속적으로 도시 개발에 있어 체계적인 계획을 세우게 되었다.

최선아 (동덕여자대학교 유라시아 투르크 연구소 전임연구원)

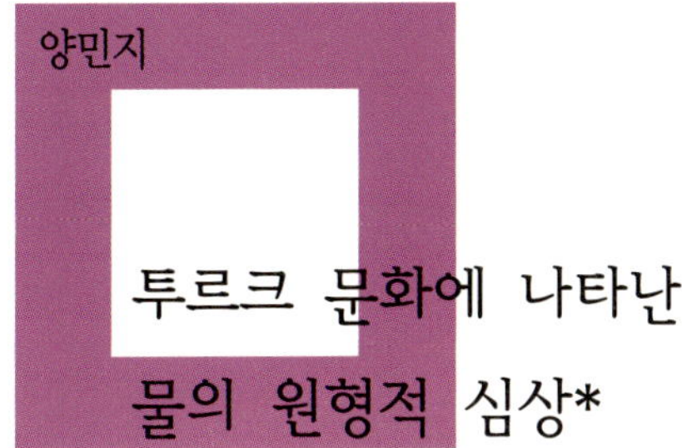

양민지

# 투르크 문화에 나타난 물의 원형적 심상*

물은 동서고금을 막론하고 한 개인, 사회, 국가, 문명의 탄생에 중요한 역할을 하였다. 어머니 자궁 속 태아도 물에 싸여 생명을 이어나가는 것처럼 역사 속 수많은 부족, 마을, 사회, 국가 또한 샘, 호수, 강 등 물의 원천을 중심으로 생겨났다. 안정적인 물 공

* 이 글은 양민지(2018), “투르크 문화에 나타난 물의 원형적 심상”, 『중동문제연구』, 18권 2호에 실린 논문을 요약 정리한 것이다. 이 책이 일반인 독자를 염두에 둔 것임을 고려하여 각주를 생략하였다.

급은 한 사회와 문명의 번영에 도움을 주었다. 물은 생명의 탄생과 유지를 위해서는 필수적이다. 따라서, 이러한 속성에 따라 물은 삶, 번영, 부, 안녕, 축복 등에 비유되었다. 이렇게 형성된 물에 대한 원형적 사고는 문학에도 반영이 되어 공통의 심상을 형성하였으며 각 민족, 나라, 문화권의 지리·환경적 요소와 신앙과 종교, 역사의 흐름에 따라 다양하게 나타났다.

원형적 심상이란 개인, 민족, 사회, 국가, 문명 차원을 넘어 고대로부터 현대에 이르기까지 반복되는 관습적이며 보편적인 이미지를 말한다. 원형적 심상은 신화에서 비롯되어 이후 전설, 민담, 민요 등으로 이어졌으며, 고대의 우주관, 세계관, 삶에 대한 시각과 태도 등 철학적 사고가 문학으로 흡수되었다. 투르크 신화는 크게 창세신화, 민족파생신화, 영웅신화 등으로 나눌 수 있다. 투르크 창세신화에서는 태초의 세상에는 신과 물 이외에 아무것도 존재하지 않았다고 전한다. 물속의 흙에서 인간을 만들어 냈으며, 만물이 생성되었다고 묘사된다. 신화에서 보듯 물은 고대인에게 창조의 원천 혹은 원수(原水)로 인식되었다. 즉, 창세신화에서 물은 창조의 원천, 풍요, 생명력, 어머니의 생산성을 포괄한다고 볼 수 있다.

오우즈 칸 신화는 대표적인 투르크 영웅신화 가운데 하나로 오우즈 부족의 시조인 오우즈 (흉노의 묵특선우 ?~ 기원전~174년)의 탄생과 유년 시절, 결혼, 통치, 전쟁 등 오우즈의 삶을 담고 있다. 신화에서는 오우즈 칸이 그의 두 번째 하툰(왕비)과 만나는 사건을 다음과 같이 기술하고 있다.

> 어느 날 오우즈 카안은 사냥에 나섰다. 한 호수(강) 중간에 있는 작은 섬(하중도)을 보았다. 나무 구멍 안에 한 여인이 홀로 앉아 있었다. 아름답고 지혜롭고 사랑스러운 여인이었다. 하늘보다 더 푸르른 눈을 가졌으며, 강물보다 더 구불구불한 머리카락을 가졌고 진주처럼 빛나는 이를 가지고 있었다. 어찌나 아름다웠는지 누구든 그녀를 본다면, 그녀의 아름다움에 취할 것 같았다. 오우즈 카안은 그녀를 보자 넋을 잃었다. 가슴에 사랑의 불꽃이 일었다. 그녀에게 마음을 주었다. (중략)
>
> 얼마 후 그녀는 3명의 사내아이를 낳았다. 첫째 아이에게 괵(Kök, 하늘), 둘째 아이에게 다으(Tağ, 산), 셋째 아이에게 데니즈(Tengiz, 바다)라는 이름을 지어주었다. 오우즈 카안은 성대한 잔치를 열었다.

신화에 등장하는 왕이나 지도자, 부족장, 영웅 등의 아내는 그가 가진(혹은 후에 가질) 권력의 정통성을 확고히 하는 데 역할을 한다. 주인공 남성은 하늘, 해 등이 의미하는 천신의 현신이거나 천신이 직접 권능을 부여해 태어난 인물로 혹은 그의 아들로 묘사되고 있다. 이러한 인물의 아내 될 사람은 부족민이 받아들일 만한 그에 합당한 사회적 위치에 있는 인물이어야 했다. 즉, 천신보다는 하위에 있으며, 남성이 지닌 권력에 힘을 실어줄 만한 사회적 위치의 인물이다. 이러한 사회적 기대감은 민간신앙에 반영이 되었고, 따라서, 신화에서 나타나는 바와 같이 하툰은 예르-수신(yer-su, 지신과 수신이 결합된 자연신을 대표)의 딸로 묘사되고 있다. 강이 물을 의미한다면, 나무는 대지를 의미한다. 또한, 나무 구멍은 동굴, 우물과 마찬가지로 신화에서 어머니의 자궁을 의미하므로 예르-수는 전통적으로 지모신과 수신의 기능을 동시에 담당한다. 그러나 투르크 창세신화에서 물은 혼돈의 세계에서도 신과 함께 존재했으며, 그 안에 세상과 인간 창조의 재료인 흙을 지니고 있었으므로 투르크 신화에서 넓은 의미에서 수신은 지신의 상위개념 혹은 그것을 포함하고 있었다고 보는 것이 적절하겠다.

에르 소고토흐 신화는 야쿠트 투르크족의 파생신화 가운데 하나로, 신화의 주인공인 에르 소고토흐는 천상계의 인물로 천신이 창조한 첫 인간으로 묘사되고 있다. 많은 판본 가운데 러시아 탐험가 알렉산더 폰 미덴도르프(A.A. Th. V. Middendorf)에 의해 기록된 작품은 다음과 같다.

에르 소고토흐는 인간의 첫 조상이었다.

그는 늘 걱정과 근심과 고통에 쌓여있었다.

그가 혼자였기 때문이었다.

천상 가운데는 큰 집이 한 채 있었다.

사방은 은으로 치장되어 있었고,

문은 50개요 창문이 40개였다.

지붕에는 30개의 보[樑]가 있었다.

집의 동편에는 아아츠 하칸(제왕의 나무, Ağaç Hakan)이 있었다.

늘 나무에는 산들바람이 불어왔다.

아아츠 하칸은 거대했으며, 모든 것의 어머니였다.

모든 존재는 그와 연결되어 있었고, 이는 하늘과 땅을 연결해주었다.

나무의 뿌리는 지하세계를 덮고 있다고 하였다.

나뭇잎은 7척이나 되었으며,

가지에 달린 열매방울은 그보다 더 컸다.

나무의 밑에는 물이 흘렀는데, 이는 생명수였다. 순수하고 신성하였다.

나이든 흰 소, 검은 소가 이 물을 마시면, 다시 새 생명을 얻는다 하였다.

나무에 날아드는 새들이 지치고 기운이 쇠하면,

이리 날아들어 마시어 새 힘을 얻었다.

이 성스런 나무의 주인이 한 명 있었으니,

이는 바로 여신이었다. 머리는 눈과 같이 하얗고, 나이 든 여신이었다.

(중략)

(하늘 신) 어머니가 그에게 말하길, 자 네 나라로 내려가라
손에 한 포대 생명수를 꼭 쥐고 가라
이 물을 왼팔에 들고 (세상으로) 가거라
네게 이 삶을 주노라, (적당한) 어느 날이 올지니
시간이 지나 그는 장정이 되었다.
부정함에 맞서 전쟁을 하였다.
누군가가 쏜 화살이 그의 심장을 맞혔다.
마지막 숨을 내쉬고 삶을 끝냈다.
신은 생명수 한 방울을 튀겨
작디작은 한 방울을 그의 심장에 적셨다.
그는 그 즉시 되살아나 생명을 얻고 힘을 다시 얻었다.
이전보다 9배나 더 강해지고 굳건해졌다.

창세신화에서 물이 원수로서 창조와 생명을 의미했다면, 민족파생신화에서는 이에 더 구체적인 형태로 나타나고 있다. 즉, 신화에서 보듯 신성한 물은 늙은 동물에게 다시 힘을 주고 젊게 만들어주거나, 전쟁에서 죽은 영웅을 되살리는 기능을 한다고 묘사되었다. 이렇게 물의 원형적 심상은 초기에 창조와 생산의 기능을 바탕으로 이후 이에 젊음을 가져오거나 죽은 자를 재생시키는 생명수의 이미지가 추가되었다. 이와 함께 민담에서 물은 불로장생의 묘약, 불로수로 등장한다. 초기에 물의 원형적 심상이 창조와 생명을 나타냈다면, 이후 죽은 사람을 살아나게 하는 재생의 이미지가

추가되었는데, 이는 한국 신화에서도 동일하게 나타난다. 물이 생명수 기능을 할 것이라는 믿음은 후에 민속에서 건강을 증진하고 병을 낫게 하는 약수로서의 물의 이미지를 강화했다. 이러한 믿음은 투르크의 이슬람화 이후 원수, 성수, 약수의 개념을 모두 포함하는 개념인 젬젬 수유(zemzem suyu, 메카 성지의 물)에서도 나타난다.

신화에서 물이 생명, 창조, 재생, 목숨(삶)을 관장하는 능력을 지녔으므로 이후 민담과 전설에서도 물은 신성하며 경외시되는 존재였다. 따라서 물을 더럽히거나 모욕하는 행위는 벌을 받거나 그에 상응하는 부정적인 결과를 가져오는 것으로 그려지고 있다. 특히, 민담과 전설에서는 민중들의 삶을 다루고 있으며, 민중이 지켜야 할 당시의 도덕적 의식과 사회적 규범이 내재하여 있다. 따라서 이러한 금기에는 투르크 전통신앙과 이슬람 종교적 요소가 혼재되어 나타나고 있다. 특히, 나무, 산, 바위, 돌, 땅, 강, 물 등을 더럽히거나 함부로 하는 행위는 예르-수신을 노하게 하는 것으로, 하지 말아야 할 행동으로 여겨졌다. 민담에서는 약수에 대한 이야기가 많이 등장한다. 이는 장수와 아름다움에 대한 갈망이 물의 원형적 심상에 추가되어 나타나 있다고 볼 수 있다.

그 예로 아나톨리아반도 동부에 위치한 도시인 빈골(Bingöl, 천 개의 호수)에는 다음과 같은 전설이 있다. 어느 날 쾨르오울루(Köroğlu, 장님의 아들)가 이 지역을 지나다가 생명수로 가득 차 있는 호수를 발견하고 마시려고 다시 찾아가 보았다고 한다. 그러나 그 호수가 수천 개로 나뉘어 있어 원래의 호수가 어떤 것이었는지 찾지 못하게 되었다고 한다. 다만 그의 말이 처음 호수를 발견하고 물을 마셨는데, 아직도 살아있다고 한다. 이외에도 빈골을 지나던 쾨르오울르는 강 하나를 발견하는데 그곳에서 소용돌이치는 두 개의 물보라를 발견한다. 강물을 마신 쾨르오울르는 3가지의 신이한 힘을 얻게 되는데 이는 불사(불로장생), 용맹(용기), 오잔(음유시인, ozan)의 시성(詩聖)이었다고 한다.

이와 함께 아름다워지는 샘물, 폭포, 호수 등과 관련하여 다양한 이야기도 등장한다. 그 가운데 하나로 베르가마-이즈미르(Bergama-İzmir) 근교의 시골에 사는 한 양치기 소녀는 매우 아름다웠다고 하는데, 그 비밀은 바로 신이한 샘물에서 목욕하는 것이었다는 이야기가 전해진다. 이 밖에도 터키 동부지역 에르주룸(Erzurum)에는 토르툼 호수(Tortum Gölü)가 있는데, 머리가 나는 샘이 있어 마을 사람들은 이곳에 목욕탕을 세워 방문하는 사람들에게 돈을 받았다. 그러나 샘을 지키는 뱀이 나타나 다시는 물을 이용하지 못했다고 전해진다. 뱀은 가정신앙에서 업동물 가운데 대표적인 것으로 보통 수신의 현령으로 여겨졌다. 한국에서는 수신을 의미하는 용신의 현령으로 뱀(구렁이)가 등장하는데, 터키 투르크 문화에서는 가정신앙의 업동물 중 하나로 샘, 폭포, 호수, 강 등을 지키는 수신으로 등장한다.

이슬람화 이후 투르크 문화에서 물은 예배를 드리기 위해 몸을 정갈히 하는 우두 의식에 사용됨으로써 수신을 숭배하던 이전의 물 숭배 사상에 이슬람적 사고가 첨가되어 물의 이미지에 영향을 미쳤다. 물을 지키는 정령에 대한 예의보다는 이제 알라를 만나러 가는 길에 정결한 마음과 신체를 준비하기 위한 도구로서의 물의 기능에 초점이 맞춰지게 되었다. 많은 종교에서는 물을 이용하여 정화 의식이나 회개 의식을 치른다. 이는 물이 표면적으로 더러운 것을 씻어내는 것처럼, 물로써 그릇되고 올바르지 못한 생각, 경험 등에 물들었던 마음과 정신을 새롭게 할 수 있다는 이른바 모방 주술에서 비롯된 행위라고 볼 수 있으며, 물이 지닌 정화의 능력이 원형적 심상 형성에 영향을 미친 것이다. 물의 원형적 심상이 창조, 삶, 목숨, 재생, 생명수, 약수, 정화 등에 초점이 맞춰져 있었다면 현대에 이르러서는 장수, 건강, 운명, 제액을 의미한다고 볼 수 있다. 과거 물이 신화적 존재물로 신성성을 내포하고 있었으나, 이슬람 기반으로 전통 민간신앙이 혼합되어 형성된 터키 투르크 문화에서 물은 기존의 신화적 의미가 약화되었다. 즉, 터키 투르크 문화권에서 물은 음유시인이자 샤먼인 오잔에 의해 신화에서 이어져 민담, 전설에 이르기까지 그 원형적 심상을 유지하고 있었다. 그러나 점점 물이 지닌 신성성은 희박해지고 물과 관련된 민속 행위에서는 일상에서 건강과 장수를 빌거나, 운명을 점치거나 운을 트이게 하는 기복적 성격이 짙게 나타난다고 할 수 있다.

투르크의 이슬람화 이후 점점 전통사회 샤먼의 기능은 지역사회에서 이슬람에 신실하고 종교적 지식이 해박한 사람을 일컫는 호자(hoca, 선생님)에게 투영이 되었다. 일반 민중들은 샤먼의 기능을 일부 수행하는 이러한 호자에게 나쁜 기운을 막거나 귀신을 물리칠 때, 원인을 알 수 없는 병 등을 치료하기 위한 목적에서 부적이나 제의를 부탁한다. 호자는 제의에서 반드시 물을 사용하는데, 부적의 힘을 지속시키기 위해 물에 넣거나 물에 섞기도 한다. 물은 인간의 삶과 생명에 있어서 필수적인 것으로, 대부분의 문화권에서 신성하게 여기며, 경외의 대상으로 여겨왔다. 시간이 지남에 따라 자연보다 산업, 기술, 과학, 정보 등이 인간의 삶에 더 밀접하게 영향을 미치면서 물을 포함한 환경에 대한 인간의 무관심은 그동안의 전통과 문화를 퇴색시켰다. 터키도 이러한 양상과 크게 다르지 않다. 전통문화와 민속은 일상생활에서 멀어져 갔으며, 박물관

이나 관광지, 축제의 현장에서만 소비되거나 관찰할 수 있게 되었다. 민속이 대중에게 친근하게 다가가기 위해서는 전통사회에서 지닌 의미를 올바르게 해석하고, 긍정적인 이미지를 구축하기 위한 연구자들의 노력이 필요할 것이다. 또한, 민속이 과거나 옛것에 머물러 있지만 않고 현대, 지금의 사람들에게 소비되고 관심받기 위해서 전통적 요소를 발굴하여 현대 문화산업의 다양한 분야에서 활용될 수 있도록 알리는 작업이 선행되어야 하겠다.

양민지 (한국외국어대학교 중앙아시아연구소 연구교수)

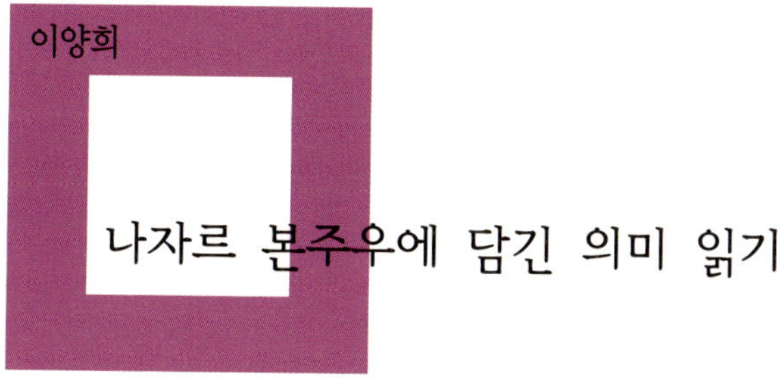

이양희

# 나자르 본주우에 담긴 의미 읽기

동그랗고 푸른 유리 안에 작은 원이 마치 눈동자처럼 담긴 나자르 본주우. 터키를 방문한 경험이 있다면 누구나 한 번쯤은 다양한 크기와 형태로 시선을 사로잡는 이 유리구슬, 나자르 본주우를 본 적이 있을 것이다. 투박한 길거리의 돌바닥 사이, 골목 모퉁이를 돌아가다 무심코 마주한 어느 집의 담벼락이나 대문 위, 이동하는 버스나 택시의 한 편에도 나자르 본주우가 자리하고 있다. 곳곳에서 마주쳤던 익숙함과 더불어 액운을 막아준다는 부적과 같은 의미도 지닌다고 하니, 터키 여행을 마치고 돌아가는 많은 이들이 나자르 본주우를 기념품이나 선물로 구입하곤 한다. 관광지나 거리가 아닌 터키인의 일상으로 들어가 보면 놀랍게도 더욱 다양한 형태의 나자르 본주우 모티프를 발견할 수 있다. 가정집이나 사무실 입구 근처 벽걸이 장식, 탁자나 선반 위의 오브제로 많이 볼 수 있으며, 액세서리나 옷 무늬로도 눈에 띈다.

출입구, 돌담 벽, 현관 앞에 장식된 나자르 본주우

나자르 본주우는 흔히 '악마의 눈', '불길한 시선' 등으로 알려져 있다. 액운을 막는다는데 그 이름이 악마의 눈이라니? 조금 의아하다는 생각을 한 적이 있다면, 나자르에 담긴 의미와 함께 관련된 표현을 통해 그 궁금증을 풀어볼 수 있다.

## 나자르의 의미

터키 국립국어원(Türk Dil Kurumu 이하 TDK) 사전에서 나자르란 '질투, 시기, 감탄을 갖고 보게 될 경우 사람, 집, 재산 혹은 무생물에조차 악의가 가해진다고 믿는 불길한 눈'이라는 의미를 지니며, 고어의 의미로 '보기, 보는 것, 시선'을 뜻한다. '나자르(nazar)'는 아랍어에서 온 단어인데, 쿠뻬알트루가트 사전에서는 '시선, 시각, 관점, 견해' 등의 사전적 의미를 앞서 정의하고, 네 번째로 '사람들의 시선이 사물 또는 다른 사람에게 미치는 영향, 좋지 못한 일의 원인이 되는 것, 불운함'을 나타낸다고 설명하였으며, '어휘의 본 의미는 터키어에서 새로 얻게 된 것'임을 명시하고 있다. 우리말에서도 이와 유사하게 한자어 '시선(視線)'은 '눈이 가는 길 또는 눈의 방향'이라는 뜻이지만, 주의 또는 관심을 비유적으로 이르는 표현으로도 사용한다. 나자르의 의미는 '보는 것, 시선'이라는 어원의 의미가 현대 터키어에서 '질투, 시기, 감탄 등을 내포한 특정한 시선'으로 축소 지칭 되었다고 볼 수 있다.

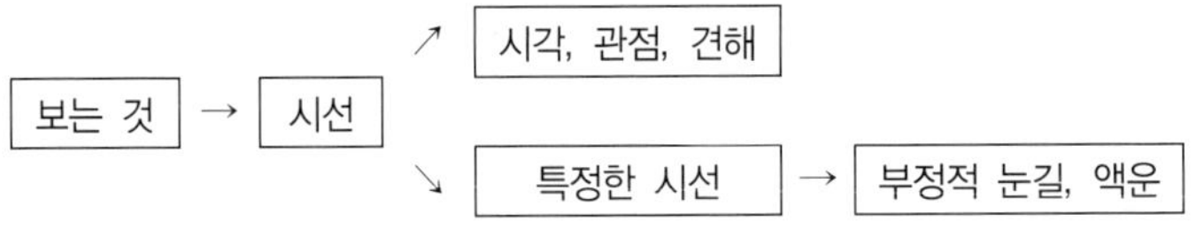


나자르의 의미 확장 양상

Nemat Kelimbetov에 따르면 터키어에서 시기, 질투로 해석할 수 있는 크스칸츠륵(kıskançlık)은 본인에게는 없으나 남에게는 존재하는 모든 것에서 비롯되는 불안감, 불편함을 뜻하지만, 나자르에 담긴 시기와 질투인 하셋(haset)은 남이 잘되는 것을 샘하여 미워하는 데 그치지 않고, 본인의 부족한 부분이나 결핍으로 인해 상대방도 같은 상황 혹은 더 좋지 않은 상황에 처하기를 바라는 마음이다. 때문에 터키인들은 나자르의 시선이 닿거나 향하는 대상이 사람이나 동물, 식물이라면 병이 들거나 제 기능을 못 하고 심할 경우 죽음에 이를 수도 있다고 믿으며, 사물일 경우에는 그 물체가 깨지거나 부서질 수 있다고 생각한다. '나자르는 낙타를 솥에, 사람을 무덤에 넣는다(Nazar deveyi kazana, insanı mezara koyar)'와 같은 터키어 표현에서도 나자르의 부정적 영향이 죽음으로까지 이어질 수 있다고 믿는 터키의 문화를 엿볼 수 있다.

## 나자르와 관련된 관용구

터키어에서 나자르와 함께 사용되는 표현에는 어떤 것이 있을까? TDK 사전에 제시된 나자르와 관련된 관용어로는 'nazara gelmek: 나자르에(불운에) 이르다, nazar(1) değmek:나자르가(불길한 시선이/액운이) 닿다'가 있다. 터키어에서 '나자르'와 관련된 관용어구는 눈(目)을 뜻하는 '괴즈(göz)' 어휘를 사용해도 같은 의미를 지닌다. 이는 신체 부위를 지칭하는 신체어는 그 신체의 기능을 대표한다는 인지의미론적 견해에서, 눈이 대표적인 눈의 기능인 '보는 것'을 나타내는 아주 자연스러운 현상이다. 앞서 살펴본 바와 같이 나자르는 결국 보는 행위에서 그 의미가 세분화되었기 때문에 나자르 대신 터키어 괴즈(눈)가 사용되어도 손쉽게 그 의미를 유추할 수 있으며, 이때 사용되는 눈의 의미 역시 보는 것 가운데서 불길한 시선인 나자르의 의미로 사용된다.

▲터키어 말뭉치에 나타난 나자르 어휘의 사용 양상

| 나자르와 관련된 표현 | | 빈도수 | % |
|---|---|---|---|
| nazar(ı) değmek | 나자르가 닿다/미치다 | 117 | 35.5 |
| nazar boncuğu | 나자르 본주우 | 102 | 30.9 |
| nazar(ı) var | 나자르가 있다 | 9 | 2.7 |
| nazara gelmek | 나자르에 이르다 | 7 | 2.1 |
| nazarlık | 나자르를 막는 물건 | 7 | 2.1 |
| nazar duası | 나자르 기도 | 6 | 1.8 |
| nazar çatlamak | 나자르가 금가다 | 5 | 1.5 |
| nazar bozmak | 나자르를 깨다/부수다 | 4 | 1.2 |
| 기타 | | 73 | 22.1 |
| 총 | | 330 | 100.0 |

위의 관용구를 포함하여, 나자르와 함께 사용되는 다양한 표현을 터키어 말뭉치 (Türkçe Ulusal Derlemi, https://v3.tnc.org.tr)를 이용하여 살펴보았다. 고유명사, 고어의 기본 의미를 지니는 관용구 및 합성어를 제외한 후, 터키의 나자르 문화를 나타내는 표현만을 대상으로 하여 330개의 검색 결과를 빈도 순으로 정리하면 다음과 같다.

말뭉치 검색 결과 가장 많이 사용된 '나자르 데이멕(nazar değmek)'은 나자르와 '닿다, 이르다, 미치다'의 의미를 지닌 '데이멕(değmek)'이 함께 결합된 표현이다. 단순한 단어의 결합과는 다르게 관용구는 그 구 전체가 하나의 고정적 의미를 지닌다. 우리말에서도 '국수(를) 먹다', '미역국(을) 먹다'라는 표현이 관용구로 사용되면, 국수나 미역국을 먹는다는 의미가 아니라 각각 '결혼식을 올리다', '시험에서 떨어지다'와 같은 의미를 지니게 된다. 나자르 대신 '괴즈 데이멕(göz değmek)' 형태로도 사용되는 이 관용구는 '불운, 액운을 가져온다고 여겨지는 질투 혹은 부러움의 시선으로 인하여 좋지 않은 상황에 처해지는 것'을 뜻한다.

Beşiktaş'ın genç golcüsü Oktay'a nazar değdi. Karın kaslarında yırtık tespit edilen ve o bölgede oluşan ödem nedeniyle ameliyat olması kesinleşen Oktay...

베쉭타쉬의 젊은 스트라이커 옥타이에게 나자르가 닿았다. 복부근육 파열로 인한 부종으로 수술이 확정시 된 옥타이는...

Nazar değer diye korktuğundan, işleri iyi gitse bile "eh, idare ediyoruz, Allah'a şükür" diyen esnafın ağzı ...

나자르가 미칠까 두려워 일이 잘 진행되어도 "뭐, 그럭저럭 하고 있어요. 알라께 감사하게도" 라고 말하는 상인들 ...

위의 예시문에서도 볼 수 있듯이 터키인들은 나자르의 시선이 닿거나 이르게 되면 그 결과 부상을 당하거나, 나쁜 상황에 처할 수 있으며, 관계가 틀어질 수도 있다고 믿는다.

> Umarım nazarım değmemiştir, bu kadar tatlı bir çift uzun süredir görmüyordum.
>
> 나의 나자르가 닿지 않았기를, 이토록 예쁜 커플은 오랫동안 보지 못했거든요.
>
> "O kadar beğenir misin, nazarın değdi."
>
> "네가 그렇게나 마음에 들어 하니, 너의 나자르가 닿았어."

그뿐만 아니라 나자르는 '나의/너의/그(녀)의/우리의/너희의/그들의 나자르'와 같은 형태로도 사용 가능하다. 이때 나자르의 소유주는 보거나 감탄하는 행위의 주체자를 나타낸다. 이처럼 감탄하거나 부러움을 가지고 바라는 행위자를 통해서도 나자르가 생길 수 있다고 본다.

## 나자르로부터 보호를 바라는 표현

터키인들은 나자르는 본래 시선에서 비롯되지만 극한 칭찬이나 부러움을 내포하는 말을 통해서도 전달될 수 있다고 믿는다. 이 때문에 많은 사람들로부터 축하 인사를 받는 신혼부부, 신생아, 새 집 또는 새 차와 같은 물건, 사업 계획과 같은 추상적인 상황 모두 나자르가 닿을 수 있는 대상이 된다고 여긴다.

> "Ben şu yavrucağa bir dua okuyayım, nazar değmesin."
> "내 이 아기를 위해 기도해야겠어, 나자르가 닿지 않기를."
> Mustafa Sarıgül evlilik cüzdanını verirken nazar değmesin diye parmaklarını masaya vurdu.
> 무스타파 사르귈은 혼인증명서를 건넬 때 나자르가 닿지 말라고 손으로 탁자를 두드렸다.
> Nazar değmesin diye üç kez tahtaya vurulur.
> 나자르가 닿지 않게 나무를 세 번 두드린다.
> Nazar değmesin diye, bebeklerin "aman ne çirkin şey" diye sevilmesi ...
> 나자르가 닿지 않기를 바라며 아기들을 "아이고, 못난이"라고 예뻐하는 것 ...

나쁜 의도를 지니지 않았음에도 축하나 감탄을 전달하는 과정에서 그 말의 기운에 나자르가 깃들 수 있다고 보기 때문에, 위 예문에서도 나타난 것처럼 터키어에서는 축하나 칭찬을 할 때 '나자르 데이메씬(nazar değmesin: 불운이/액운이 들지 않기를)'이라는 말을 덧붙인다. 또한 아기들을 바라볼 때 못생겼다고 반대로 말하기도 하며, 나무로 된 탁자나 책상을 두 번 치기도, 나자르 본주우를 선물하기도 한다. 이러한 모든 행위는 말이나 행동 또는 물건을 통해 나자르가 닿는 것, 즉 시기나 질투의 부정적인 시선을 통해 불운이 깃드는 것을 막고자 함이다.

> Oo! çok şıksın maşallah nazar değmesin.
> 어머 (너) 정말 멋지다 마샬라, 나자르가 닿지 않기를
> "Maşallah deyin, nazar değdireceksiniz."
> 마샬라라고 말해요. (당신에게) 나자르가 닿겠어요.

터키어에서는 '마샬라(maşallah)'라는 말도 나자르와 관련된 표현에 자주 등장한다. 아랍어에서 온 이 단어는 본래 '마(mā: 것) + 샤흐(şā'e: 바라다) +알라(Allāh)'로 이루어진 '알라가 바라는 대로 되다'라는 표현이 축약된 형태이다. '마샬라'라는 말은 만족이나 칭찬을 표현할 때 함께 사용하며 알라가 나자르로부터 보호하기를'이라는 의미가 담겨있다. 터키인들은 축하 인사나 칭찬을 할 때 '마샬라'를 붙여서 말하거나 감탄사 단독으로도 사용하는데, 이 말에는 나자르가 끼치지 않기를 바라는 마음이 담겨있다. 또한 '마샬라'라는 글귀가 적힌 물건을 아이에게 걸어주거나 자동차, 건

물 등에 걸어두면 나쁜 기운이 드는 것을 막을 수 있다고 믿는다.

## 나자르를 막는 물건들

나자르로부터 보호받기 위하여 가장 많이 사용되는 방법 중 하나는 나자르 본주우를 몸에 지니거나 장식하는 것이다. 나자르 본주우는 '나자르'와 '본죽(boncuk: 유리, 자개, 플라스틱 등으로 만들어진 가운데 구멍이 뚫린 색깔이 있는 작은 것)'의 합성어이다. 나자르 본주우는 '액운 구슬, 장식' 정도로 쉽게 이해할 수 있는데, '액운을 막아 주는, 예방하는'의 의미가 생략되었음을 알 수 있다. 나자르 본주우는 주로 유리, 자기, 플라스틱으로 만들어지는데 작은 열쇠고리나 액세서리는 구슬과 같은 모양을 띠지만, 벽걸이나 장식품은 기본적으로 납작하고 둥근 형태이다. 나자르를 막아주는 실체물로써 이 장식품은 승진, 개업, 이사, 결혼 등과 같이 축하할 일이 있을 때 선물로 많이 이용되며, 아기나 어린아이의 옷에 나자르 본주우 장식의 옷핀을 달아 액운으로부터 보호를 바라기도 한다.

(위) 벽이나 탁자 장식으로 활용되는 나자르 본주우,
(아래) 선물가게에서 판매하는 나자르 본주우 벽걸이 장식, 옷, 액세서리 모티프

나자르가 끼친 부정적 상태를 회복시키기 위한 '나자르 두아쓰(nazar duası, 나자르 기도)' 역시 나자르 본주우에 나타난 언어적 구조와 같은 형태로 불길한 시선, 나쁜 기운을 막아주거나 없애주는 기도이다. 나자르 본주우나 나자르 기도는 모두 나자르가 끼치는 영향을 무력화 시킨다고 믿는 '나자르륵(nazarlık)'이다. 나자르를 막는 물건은 나자르 본주우 모양의 장식이나 액세서리일 수도 있고, 기도문을 몸에 지니는 형태로 만든 부적, 마샬라가 적힌 종이나 장식품 등 다양한 형태를 띤다. 나자르륵이나 나자르 기도를 통해 나자르의 기운이 사라지게 되는 것은 '나자르가 깨지다, 나자르를 깨다(nazar bozmak)', '나자르가 금가다(nazar çatlamak)'와

같은 관용구를 사용한다. 우리말의 경우 액운이 사라지거나 액운을 없애는 것을 나타낼 경우 '액운을 쫓다, 떨치다, 물리치다, 풀다'와 같은 동사를 이용하여 표현한다. 그러나 나자르는 시선에서 비롯된 기운, 에너지가 한 곳에 집중되는 것이라 여겨지기 때문에, 이 뭉쳐진 기운에 틈을 내서 흩어지게 하거나 없앤다고 생각하는 문화가 반영된 표현이다. 이처럼 유사한 개념도 문화에 따라 인식하는 방식이 다르고 이는 곧 각기 다른 언어 표현으로 나타난다.

## 정리

지금까지 터키 문화에서 나자르와 관련된 고유한 풍속과 믿음이 언어에는 어떻게 투영되는지 살펴보았다. 아름다운 외모, 멋지게 차려입은 복장, 귀엽고 예쁜 아이, 남들이 탐낼만한 재주나 물건, 경사스러운 소식 등과 같이 많은 이의 시선을 끄는 대상은 나자르의 시선이 닿을 것이다. 그러나 터키인들은 좋은 것에 나자르가 뒤따른다는 것을 무척 자연스럽게 받아들인다. 때문에 언어 표현, 특정 행동, 물건을 이용하여 다양한 방법으로 나자르의 기운이 닿지 않기를 바라고, 이러한 나자르를 막아주는 대표적인 물건이 바로 나자르 본주우이다. 터키에서 물건을 사고 선물 포장을 부탁하면 포장의 마무리로 종종 나자르 본주우 장식을 달아 주기도 하는데 선물을 전할 때조차 혹시 모를 나쁜 기운이 서리는 것을 방지하고자 하는 터키인들의 세심한 배려를 느낄 수 있다. 누군가 나에게 나자르가 닿지 않기를 바라는 말을 하거나 나자르 본주우를 선물한다면, 악마의 눈이라는 자극적인 이름 대신에 감탄과 보호의 의미가 동시에 담긴 터키의 나자르 문화를 떠올려보기를 바란다.

이양희 (터키 앙카라대학교 박사과정)

박수현

# 터키 발랏-페네르역의 지속가능한 도시재생 프로젝트 연구

터키의 발랏(Balat)-페네르(Fener)는 이스탄불 내에서 19세기 오스만의 대표적 사회상을 담고 있는 역사적 장소이다. 가파른 언덕 위에 4~5층짜리 낡고 오래된 건물들이 줄지어 서 있고 오래된 목조 건물들은 형형색색의 모습을 하고 있다. 내민창과 같은 독특한 건축 양식이 과거 오스만제국의 모습을 그대로 재현한다. 이곳은 과거 복잡한 이주 역사를 지닌 곳이다. 비잔틴 시대부터 그리스인, 유대인이 거주하던 지역으로 현재 소수의 그리스인, 유대인, 아르메니아인 및 대다수의 터키 무슬림들이 섞여서 살아가고 있다.

원래는 경제적 능력이 부족한 터키의 다른 도시 또는 농촌에서 온 터키 무슬림들이 거주하는 지역이다. 그러나 최근에 가파른 계단에 빼곡히 들어차 있는 집에 부티크 호텔, 커피전문점이 들어서면서 활성화된 모습을 보이고 있다. 이 같은 추세에 따라 터키 국내외 관광객들이 모여들고 있다. 현재 젊은 기업인들이나 예술가들이 모여들고 있다. 앤티크 가게들도 전부 플리마켓으로 변해가고 있다. 이에 따라 집값도 상승하고 있고 지역민들은 갈수록 빈곤해져 가고 퇴출당하고 있어 젠트리피케이션은 피할 수 없는 문제로 지적되고 있다.

발랏-페네르 지역의 도시 재생의 측면에서 문제를 제기하고자 하는 부분은 이 지역의 역사, 문화, 사회적 가치를 배제한 채 경제적 가치를 우선으로 한 EU 주도의 도시 재생 프로그램에 대한 비판에서 시작된다고 할 수 있다. 실제로 이 지역을 다룬 많은 선행 연구들이 경제적 효과에서의 성공적 의미를 조명하고 있어 지속가능한 도시재생 연구의 한계점을 드러내고 있다. 본고에서는 이러한 문제의식에서 출발하여 향후 발랏-페네르 지역이 역사적, 문화적 가치 재생을 기반으로 하는 방향에 대해 논의하고자 한다.

## 발랏-페네르 지역의 역사 및 문화적 특징

발랏-페네르 지역의 가장 중요한 역사적 사실은 터키인들이 뿌리를 내리기 이전 다민족이 살던 지역이라는 점이다. 페네르는 비잔틴 시대 이후로 그리스인 수가 항상 집중되던 곳으로 그리스 정교회가 현재까지 존재하고 있다. 발랏은 비잔틴 시대부터 다수의 유대인들이 거주하였던 곳으로 소수의 아르메니아인도 거주하고 있었다. 1894년 발랏-페네르 지역민의 이주를 야기한 결정적인 사건이 있었는데 이곳은 연이은 화재와 지진으로 인해 황폐화되어 버렸다. 그 결과 이 지역은 새로운 이주민의 중요한 정착지로 부상하게 되었다. 이들은 좋은 일자리와 싼 임대료를 기대하고 온 저소득층의 터키인들이었다. 이 같은 농촌인구의 유입으로 인해 1950년 이후 한때 급속한 성장을 이루기도 하였다. 그러나 산업활동으로 인해 이후 사회 구조에 변화를 야기했으며 안전에 취약한 환경으로 바뀌게 되었다. 1990년대 아나톨리아에서 온 저소득층 이주자들이 발랏 지역에 정착하기 시작하였다. 이들의 이주로 인해 이 지역은 사회 구조의 중요한 변화를 겪게 된다. 페네르도 이와 비슷한 양상을 겪게 되었다. 이 지역에 거주하던 대다수의 그리스인들이 이주하게 된다. 역시 아나톨리아에서 온 새로운 이주민들이 대거 정착하게 되었다. 이 지역은 다양성 보존이라는 원칙하에 1990년대까지 다양한 사회적, 문화적 그룹의 조합을 통해 사회적 연결망과 시스템을 도입하기도 하였다. 그러나 그 이후 다양성과 연결망은 사라지게 되었다.

발랏-페네르 지역에는 다양한 민족과 종교가 혼합되어 있는 만큼 역사적, 문화적 가치를 바탕에 둔 건축물들이 있다. 이렇듯 현재까지 보존되고 있는 건축양식 형태들은 각각의 문화 그룹의 종교적 가치를 잘 보여준다. 그러나 그리스 정교회, 아르메니아인, 유대인 커뮤니티를 위한 건물이 다양성과 다문화적 환경을 조성하고 있음에도 불구하고 이를 위한 보존의 노력은 미미한 수준이다. 몇몇 건물들은 역사적, 건축학적 가치를 지니고 있음에도 불구하고 재건되지 않아 손상이 극심한 건물이 많으며 주변에까지 위험요소로 자리하고 있다.

## 발랏-페네르 지역의 도시 재생 프로젝트

1930년대부터 2000년도 중반까지 이 지역의 보존을 위해 많은 계획들이 시행되었다. 도시계획자인 헨리 프루스트의 계획

(1938-1950), 골든 혼 프로젝트(1984-1989), 발랏-페네르 재생 프로그램(2003-2007) 그리고 최근의 도시 개발 계획 등이 있다. 발랏-페네르 지역의 첫 번째 도시재생 프로젝트는 1937년 도시개발자인 헨리 프루스트에 의해 진행되었다. 이어서 진행된 두 번째 도시재생 프로젝트는 유럽연합과 파티(Fatih) 지방자치제의 주도하에 2003년과 2008년 사이에 이루어졌다. 이 시기 진행된 프로젝트는 터키 도심 지역을 재생하고자 한 첫 프로젝트였다. 유럽연합 집행위원회(European Commission)의 자금 지원 그리고 파티 지방자치제(Fatih Municipality)와 협력하여 진행되었다. 이는 이 지역의 보존 및 발전을 위한 것으로 지속가능한 도시 재생이 주된 목적이었다. 주로 빌딩 재건이나 도심 지역의 주거 문제 해결 등의 도시 재생을 위한 프로젝트였다. 2009년에는 파티(Fatih) 지방자치제가 재생 프로젝트를 승인하고 이에 대한 연구가 활발히 이루어지는 듯하였다. 그러나 지역 단체의 참여 저조 등의 이유로 도시 재생 프로젝트가 좌초되기에 이른다.

발랏-페네르 지역의 도시 재생 프로젝트는 현 문화적 유산의 경제적 가치의 정의적 측면에서 봤을 때는 성공적인 평가를 받고 있다. 그러나 경제적 가치 이외의 가치들을 고려하지 않은 이 프로젝트는 도시재생의 관점보다는 유용한 도구로서 기획했다는 비난을 받았다. 최근의 EU 프로젝트들을 보면 문화, 환경, 사회적 가치를 경제적 가치로 보는데 근본적인 문제점이 있다. 이러한 분류체계의 관점에 따르면 문화유산에 대한 투자는 잠재적 경제 가치로 규정된다. 문화유산의 교육적, 사회적, 문화적 가치는 배제된다는 것이 가장 근본적인 문제라고 할 수 있다.

그동안 시행된 프로젝트의 또 다른 문제는 저소득층의 터키인들이 지역을 떠나지 않고 그들의 사회적 지위 및 건강 상태를 개선하고자 하였으나 실패했다는 점이다. 젠트리피케이션이 2008년 이후 지속적으로 관찰되며 거주민들에게 피할 수 없는 문제가 되었다. 동일 거주자가 5년 동안에 그친다는 것은 재건 건물의 사회적 지속성의 측면에서는 충분하지 않은 기간이다. 프로젝트에 오래된 거주자들을 포함했음에도 불구하고 주식 시장 가치가 높아지는 등의 문제점이 야기된다.

결과적으로 발랏-페네르 지역은 새롭게 브랜드화된 지역이라는 위협과 마주하고 있다. 21세기에 이 지역은 젠트리피케이션을 통한 새로운 사회적 조직으로 재생된 지역으로 전락하였다. 역사적, 문화적 가치에 기반한 도시 재생에 그 목적을 두었으나 지속 가능한 시나리오를 이 지역에 뿌리내리는 것이 문제이다. 그러나 현실은 이 지역의 다양한 가치를 배제한 채 도시 재생이 진행되고 있으며 이를 뒷받침할 사회조직기반 또한 매우 취약하다. 지금까지 진행되어온 재생 프로젝트는 그 목적을 단지 경제적 가치에만 의존하는 것이 아니라 보존 그 자체에 두고 행해져야 함을 간과하고 있다.

## 오사카 '이쿠노 코리아타운'으로 본 문화플랫폼으로서의 발랏-페네르 지역의 가능성

이 글은 에스닉 타운에 대한 연구로서, 공통분모를 가진 오사카 이쿠노 코리아타운의 사례를 살펴보고자 한다. 기존의 많은 연구들이 에스닉 타운의 문화적 특성을 문화 플랫폼의 개념으로 설명하고 있다. 이는 위에서 기술하였던 발랏-페네르 지역의 다양하고 복합적인 특성에 걸맞은 접근과 이해의 틀로서 적합하다고 판단된다. 따라서 우선 이쿠노 코리아타운이 문화 플랫폼으로서 어떻게 전개되었는지를 먼저 살펴본 후 이를 발랏-페네르 지역에도 적용하고자 한다. 이쿠노 코리아타운에서 특히 주목해야 할 사례는 코리아 NGO 센터와 마을 학교 그리고 핑크 호랑이 이벤트이다.

코리아 NGO 센터와 마을 학교의 경우 인권향상이라는 교육적 측면에서 새로운 방법을 가능하게 한다. 핑크 호랑이 이벤트는 한일 간 갈등상황에서 시민들에게 활력을 부여하고 과거보다 현재의 한국을 알리는 것이 특징이다. 그리고 이러한 이벤트에서 주목할 점은 참여자 개개인들에 의해 주도되고 있다는 것이다.

한편 발랏-페네르 지역에서도 비교적 성공한 사례는 있다. '유리의 집'을 들 수 있다. 유리 공예가인 야세민 바크르가 발랏에서 유리 공예품을 판매하는 공방인 '유리의 집'이 그것이다. 그는 이스탄불 시장과 함께 15년 전부터 원래의 전통적 방식에 따라서 재건 사업을 하였다. '유리의 집'에서는 오스만 정신이 깃든 유리 공예들이 만들어지고 판매되고 있으나 발랏 지역민들에게 호응도는 매우 낮은 것이 현실이다. 선행연구인 오사카 이쿠노 코리아타운에서 진행되는 프로그램들과 비교해볼 때 '유리의 집'은 파급력이 매우 낮은 공방에 불과하다는 한계를 지닌다.

발랏-페네르 지역의 도시재생 프로젝트를 성공적으로 진행하기 위해 가장 중요한 점은 참여자 중심이 되어야 한다는 점이다. 발랏-페네르 지역의 경우 다민족이 함께 살아가는 만큼 유대인, 그리스인, 아르메니아인, 터키인 등의 다양한 민족 출신 참여자의 적극적인 움직임이 필요하다. 특히 지역민이 가지고 있는 독특한 문화적, 역사적 고유한 가치를 보호하고 유지해나가는 것이 매우 중요하다고 할 수 있으며 발랏-페네르 지역민들의 참여를 유도할 수 있는 방안 모색이 필요하다.

이 글에서는 여러 방안 중 하나로 이스탄불의 카라교즈 그림자 연극을 한 예로 들고자 한다. 오스만튀르크 제국의 다양한 정서와 모습이 스며있는 카라교즈는 이야기가 정해져 있지 않고, 매번 바뀌는 것을 그 특징으로 한다. 터키의 역사와 지방 사투리, 터키인들의 다양한 인간사를 소재로 상반되는 두 캐릭터의 풍자와 걸쭉한 대사가 일품이라고 알려져 있다. 이뿐만 아니라 연극에는 다양한 민족이 등장한다. 그리스인, 아르메니아인, 유대인 등 연극은 발랏의 다민족 혼종의 역사와 매우 닮아 있다. 아쉽게도 현재 터키에서 활동하는 전문적인 하알리가 그리 많지 않다. 프로로 활동하는 정상급 예술가는 15명 정도이다. 이들의 수제자를 모두 합쳐봐야 50~60명 수준에 불과하다. 오스만 제국에 자부심을 품고 있는 제국의 후예들이 어렵게 전통을 이어가고 있는 만큼 이들의 노력과 더불어 현지 거주민이 연극을 구성하여 전통을 유지한다면 이는 지역 문화를 이어가는 좋은 프로그램이 될 것이다.

## 정리

터키 이스탄불의 발랏-페네르 지역은 비잔틴 시대부터 현재까지 복잡한 이주의 역사를 가진 만큼 다양한 문화가 섞여서 살아가고 있는 곳이다. 본래 터키 아나톨리아 반도는 여러 문명들을 흡수하고 발전시켜나갔던 곳이었다. 터키는 과거 오스만 제국이 기존에 거주하던 다양한 민족들의 문화를 인정해주고 공생했던 나라이다. 밀렛 제도라는 관용정책을 통해 다문화가 어우러져 같이 살 수 있도록 보장해준 것이다.

현대의 터키는 과거 오스만 제국의 역사적 정신을 이어 문화적 혼종을 지닌 이주민과 정주민이 공생하는 공간으로 새로운 가치와 전략이 필요하다. 발랏-페네르 지역은 상호이해와 교류 통로 확보를 문화라는 도구를 활용하여 실천해야 한다. 문화 플랫폼은 새로운 가치관과 문화를 창조하는 장으로서 다양한 문화적 배경을 가진 플랫폼 참여자들에 의해 확장될 수 있다. 에스닉 타운은 도시의 문화자원으로, 나아가 창조도시의 한 구성요소로 작동하는 하나의 모델로서 유효한 의미를 지닌다. 이를 위해서는 발랏-페네르 지역의 다국적 플랫폼 역시 참여자들의 적극적 참여가 요구된다. 그리스인, 아르메니아인, 유대인, 터키인들이 섞여서 살아가는 다문화 공간으로서 다양한 출신의 참여자들이 주체가 되어 문화 플랫폼을 만들어나가야 한다.

다양한 마이너리티의 존재는 창조성의 원천이 될 수 있다. 발랏-페네르 지역은 더 이상 낙후 지역이 아니라 창조적인 에스닉 타운의 기능을 통해 재탄생될 수 있다. 참여자 중심, 협업의 커뮤니티 그리고 서로 다른 문화적 가치를 공유할 수 있을 때 진정한 의미의 도시재생이 이루어질 수 있을 것이다. 그러기 위해서는 현재까지 진행되었던 EU의 프로젝트에 의존하는 것에서 벗어나야 한다. 경제적 가치로만 평가하는 기존의 관행들에서 탈피해야 새로운 도시재생이 가능할 것이다. 현재 정체되어 있는 이러한 이주민 커뮤니티 활동이 다양한 프로그램들로 확장되어 시행되어야 할 것이다.

박수현 (한국외국어대학교 터키·중앙아시아·몽골학과 박사과정)

황영삼

# 투르크멘인들의 역사와 문화적 자부심 - 메르브 지역의 문화유산-

한국인을 비롯한 세상 사람들에게 생소한 투르크메니스탄에는 인간이 꽃 피웠던 문명의 흔적이 많이 있다. 여기에는 조로아스터교와 관련 있는 이란 문명에서부터 동서 문명의 교차로, 즉 실크로드 상의 문물교류의 장으로 발전했던 곳에 이르기까지 다양하다. 현재적 관점에서는 이미 이들 문명의 공간은 폐허로 변해버린지 오래되었지만, 오늘날 투르크메니스탄 당국이 자부하는 역사와 민족의 전통을 격상시키는 역할을 하고 있다. 특히 메르브 지역은 투르크멘인들에게는 국가적인 보고(寶庫)이며 민족의 자존심으로 간주하고 있다. 당연히 메르브는 유네스코의 문화유산으로 지정되어 있다.

아쉬가바트에서 투르크멘 항공 국내선 비행기를 타면 약 40분만에 마리 공항에 도착한다. 거기서 차를 타고 다니면 메르브 전역을 하루 코스로 탐방할 수 있다. 만약 고누르-데페(Gonur-depe)까지 다녀오기로 한다면 이틀 정도의 여정을 가져야 한다. 거리와 도로 상태가 험난하기 때문에 시간이 많이 소요되기 때문이다. 당연히 세단 차량은 금물이다. 숙소는 마리 시에 있는 현대식 호텔이나 바이람알리의 숙박지가 적당하다. 이 글에서는 메르브 역사 유적을 통한 투르크멘인들의 자부심을 고찰하고자 한다.

## 실크로드상의 핵심 도시

동쪽에서 중앙아시아 지역으로 건너온 카라반들은 타쉬켄트를 지나 사마르칸드와 부하라를 거쳐 메르브를 경유하게 되어 있다. 이들은 여기서 서쪽으로 호라산의 지역의 니샤푸르로 이동하여 지중해 지역의 도시에 다다른다. 그리고 메르브에서 서북쪽으로 아쉬가바트 지역과 쿠냐-우르겐치를 통과하여 러시아 남부로 이동한다. 이렇듯 메르브는 지리 경제적으로 매우 중요한 지대에 위치해 있다.

역사적으로 이 지역에 인간이 거주하며 문명의 흔적을 남긴 시간은 4천 년이 넘는다. 그중에서 오늘날까지 남아 있어서 확인될 수 있는 것만 해도 최근 2천 년 동안의 유적이 즐비하다. 그만큼 사람들이 많이 살았고 교류가 활발했던 곳임을 짐작게 한다. 무르갑 강의 수자원을 바탕으로 한 메르브의 번성은 아랍 세력의 중앙아시아 팽창 시 거점으로 활용되었는데 바로 751년 탈라스 전투를 앞두고 압바스조의 현지 사령관 쿠타이바 이븐 무슬림이 메르브를 당군(唐軍)을 격퇴하기 위한 공격기지로 삼았던 것이다. 이곳을 토대로 아랍 군대는 고선지 장군이 지휘하던 당군을 패퇴시킴으로써 중앙아시아 지역을 이슬람화하는 계기로 만들었다.

메르브는 11~12세기에 대(大)셀주크조의 동부 수도로 기능함으로써 도시의 발전이 더 진행되었다. 투르크멘인들이 역사적 전성기로 간주하는 셀주크 왕조의 중심이 바로 메르브였던 것이다. 13세기 초 몽골 침입 이전의 기준 인구만 하더라도 50만 명에 이르는데 이 규모는 당대 세계적인 대도시급에 해당한다. 대셀주크조의 강력한 술탄이었던 산자르의 묘가 바로 메르브에 위치해 있고 오늘날 방문객들에게 공개되고 있다.

메르브는 1221년에 칭기즈 칸의 몽골 군대에 점령당하고 철저히 파괴됨으로써 과거의 영광이 사라졌다. 이때 몽골군의 지휘관은 칭키즈 칸의 막내아들인 툴루이였고 그는 메르브에 거주하던 수백 명의 장인들을 제외하고 남녀노소 할 것 없이 전부 학살했는데 희생자 수가 수십만 명에 달했던 것으로 알려져 있다. 그 결과 도시는 완전히 파괴될 수밖에 없었다. 메르브의 완전한 파괴와 몽골인들의 관련성은 이후 일 칸국이나 차가타이 칸국에서도 지속적으로 나타났기 때문에 메르브와 몽골인과의 관계는 완전히 적대적인 것으로 해석된다.

이후 메르브는 신메르브의 형태로 일부 복구되기는 했지만, 이전처럼 성대한 도시로 회복되지는 못했다. 티무르조에 속해 있던 메르브는 16세기 초가 되면서 샤이반조의 우즈벡인 히바 칸국의 영역으로 편입되었다. 그러나 1800년대에 접어들면서 무르갑 강물의 수로 방향이 바뀌면서 더 이상 다수의 사람들이 거주하기에는 부적당한 도시로 바뀌었다. 이 무렵 테젠 강 유역에서 이동하던 투르크멘 테케족들이 메르브 지역을 장악했지만 1884년에는 제정러시아의 군대에게 굴복하면서 러시아인들까지 출현하게 되었던 것이다.

하지만 과거의 화려한 모습은 이미 사라졌기 때문에 오늘날 메르브의 모습은 과거의 역사를 간직한 황량한 유적지가 된 것이다. 대신 메르브 남쪽으로 바이람알리(Bayramaly)가 휴양 도시가 되고, 서쪽 30km 지점에 소련 때 지어진 현대식 마리(Mary) 도시가 이 지역을 대표하고 있다.

## 전성기의 메르브

전성기 때의 메르브는 활발한 동서 문물 교류의 장이었다. 따라서 동서양의 각지에서 몰려든 많은 상인들이 바자르에 모여 필요한 물건을 사고팔았다. 과거 실크로드 카라반은 중간 도시에서 상호 물건을 교환하는 형태로 거래하는 경우가 많았고 그 결과 메르브는 지리적으로 좋은 위치에 있었기 때문에 다른 지역보다 더 많은 사람들이 드나들었던 것이다. 인도의 특산품, 보석 그리고 중국의 도자기, 인삼, 각종 한약재 등이 거래되었고 비잔티움으로부터는 벨벳, 은 세공품 등이 공급되었다. 아라비아 지역에서는 의약품과 가죽, 이란 지역의 특산품 등 메르브는 세계 각지의 특산품이 거래되는 중요한 도시였다. 심지어 메르브에서는 토착 비단실이 생산되어 중국산 비단과 경합하기도 했다.

또한 단순히 물품만 교환 거래된 것이 아니라 각종 금속의 가공과 공예품의 제작 기술이 뛰어나 다양한 형태의 장인들이 거주하게 되었다. 무기 제작 기술자, 재봉사, 수공업 제작자 등이 바로 그것이다. 동서양의 무역 상인과 여행가들이 반드시 경유하는 지역으로서도 메르브가 중요한 지역인데 여기서 이들 간의 대화를 통해 각자가 거주하고 있는 지역의 사정을 듣기만 해도 마치 다녀온 것처럼 여길 정도로 풍부한 정보 취득이 가능했다. 가령 유럽 지역에서 메르브로 온 상인이나 여행객은 중국 땅을 오가는 위구르 상인이나 중국 상인들을 만나 물건을 거래하기만 한 것이 아니라 그곳 사정을 잘 듣기만 해도 마치 다녀온 것과 같은 효과를 얻을 수 있었다는 뜻이다.

## 현존하는 문화유적지

메르브에는 청동기 시대와 철기 시대를 포함한 고대 유적지가 남아 있는데 그 면적은 약 880ha에 이른다(참고로 여의도 섬 전체 면적이 450ha임). 현재 발굴 중에 있고 역사적 의미가 큰 고누르-

데페는 메르브에서 북쪽 100km 지점에 위치해 있는 청동기 시대의 유적이다. 이 도시의 기원은 기원전 2천 년 중반에 이르고 당시 마르구시(마르기아나) 왕조의 수도였는데 마르구시는 기원전 13~16세기에 전성기를 이루었다. 고누르 데페를 발굴하여 학계에 기여한 그리스계 러시아인 학자 빅토르 사리아니디(Victor Sarianidi: 1929-2013)에 의하면 마르구시는 메소포타미아, 이집트, 인도, 황하 문명에 이은 다섯 번째 문명의 요람지이며 조로아스터교의 태동지로 간주하고 있다. 실제 최근 고누르 데페 발굴지역에서 조로아스터교의 중요한 기능을 하고 있는 불을 피워 제사를 지낸 흔적이 발견되었다.

에르크-갈라 ©황영삼

과우르-갈라 ©황영삼

고누르 데페에서 남하하여 고대 메르브 역사 지구로 근접하면 많은 성채의 흔적을 찾아볼 수 있다. 최고(最古)의 유적은 에르크-갈라(에르크-칼라, Erk-gala)인데 고대 아카메네스 왕조 시대인 기원전 7세기에 건립된 이란인들의 성채이다. 규모는 인접한 성채보다도 작은 둥근 원형 모양을 가지고 있다. 에르크-갈라를 에워싸고 있는 성채는 과우르-갈라(Gyaur-Gala)인데 이는 헬레니즘, 사산조 페르시아 시대 및 압바스 왕조 시기에 확장된 도시 성채이다. 가로와 세로가 각각 약 2km 정도가 되는 사각형 형태의 성채인데 면적을 환산하면 약 400ha가 된다. 즉 과우르-갈라 속에 에르크-갈라가 위치에 있다.

술탄 산자르의 묘 ⓒ황영삼

술탄-갈라(Sultan-gala)는 앞선 두 개의 성채보다도 더 큰 규모를 가지고 있으며 술탄 산자르의 이름을 따서 술탄-갈라로 불린다. 메르브가 대셀주크조의 동부 수도로서 성장했을 때 400ha 크기의 거대한 성채가 조성되었다. 이것이 바로 술탄-갈라이며 이 근처에 술탄 산자르 묘가 위치해 있다. 술탄 산자르 묘는 비교적 보존 상태가 온존하고 많은 관광객들이 찾는 곳이며 건축학적으로도 높은 평가를 받고 있는 구조를 가지고 있다. 사각형 형태의 기본 건물 구조에 둥근 돔 형태의 천장으로 되어 있는 술탄 산자르 묘는 사변이 각각 17m인 정사각형 형태이고 높이는 27m인데 대개 10층 아파트 높이에 해당한다. 전해오는 기록에 따르면 몽골군대가 메르브를 침공했을 때 술탄 산자르의 유해는 이미 다른 곳으로 이장되었기 때문에 현재 그곳의 묘는 사실 빈 묘와 다름없다. 진짜 매장지는 전해오지 않는다. 그렇지만 해마다 많은 순례자들이 방문하는 장소이기도 하다.

대크질-갈라 ©황영삼

소크질-갈라 ©황영삼

오늘날 투르크메니스탄의 지폐 중 5 마나트화의 초상화로 되어 있는 술탄 산자르(Sultan Ahmad Sanjar: 1085-1157)는 아쉬가바트의 독립 공원에도 조각상이 있을 정도로 투르크멘인들의 역사적 영웅이다. 이란화한 투르크 종족에 속하는 산자르는 호라산 지역의 영주(1097-1118)에 이어 제위 계승전에서 경쟁자들을 물리치고 대셀주크조의 술탄(1118-1157)으로서 국가의 최전성기를 구가했다. 그러나 카라-키타이와의 카트완 전투(1141, 현 사마르칸드 북동부 인근)에서 패배하면서 위상이 크게 하락하기 시작했고 1153년에 오구즈 종족들의 침입으로 체포되어 감옥에서 지내다가 사망에 이르게 되었다. 술탄 산자르의 사망으로 대셀주크조의 약화가 사실상 시작되었다는 것이 중론이다.

술탄 산자르 묘에서 서쪽으로 조금만 가면 크질-갈라(Kyzyl gala)라는 성채가 보인나. 크질 갈라는 대(大)크질 갈라와

소(小)크질 갈라가 있으며 대크질 갈라는 대개 메르브를 대표하는 사진에 대표적으로 소개되고 있다. 아래위로 길게 구축된 성벽이 매우 인상적이다. 최근에 복구 작업을 하고 있다. 소크질갈라는 대크질갈라 인근 100m 지점에 있으며 거의 다 파괴된 상태로 남아 있다.

남쪽으로 가면 티무르 시대에 건립된 압둘라칸-갈라(Abdyllahan-gala)가 있다. 티무르의 아들 샤루흐가 메르브를 재건하기 위해 세운 성채이다. 티무르조의 메르브 복구 노력에도 불구하고 과거의 영광은 재현될 수 없었다.

전체적으로 보아 고대 메르브 유산의 흔적은 시대를 거듭함에 따라 메르브의 성채가 확대 건축되었음을 보여주고 있다. 이 모든 영역은 오늘날 '고대 메르브의 고고학적 공원(Ancient Merv Archaeological Park)'이라고 칭하며 유네스코의 유산으로 지정되어 있다.

## 역사적 정통성과 민족 정체성 형성의 역할

투르크메니스탄이 독립하면서 가장 적극적으로 개념화한 것이 바로 '역사 세우기'였다. 투르크멘인들의 기원과 역사의 기원 확립은 전체 국민들의 단합과 국가의 발전에 필요했기 때문이다. 대통령을 비롯한 정치가와 전문 학자들이 구성되어 이 부분을 집중적으로 연구해 나갔다. 그 결과가 바로 '루흐나마' 1권에 있는 역사 서술이다. 투르크멘인들은 9-10세기에 알타이 지역에서 이주해 온 유목민의 후예가 아니라 5천 년 이전부터 거주하고 있던 사람들의 후손이라는 것이 현재 투르크메니스탄 국가의 정통 역사 인식이다.

여기에는 다수의 학설이 존재하지만, 이전부터 살고 있던 사람들과 오구즈 종족들의 혼합 그리고 이슬람 정체성을 가진 사람들이 바로 투르크멘인들이라는 것이다. 그 근거로서 메르브에서 발견되는 여러 고대 유적지와 문명의 흔적들이 제시되고 있다. 현대 투르크메니스탄 당국은 반만년의 역사를 가진 투르크멘인들의 역사적 자존심을 강조하고 대셀주크조의 영광을 재현하겠다고 하는 포부를 가지고 있기도 하다. 이러한 주장들의 바탕에 메르브의 역사 유산이 강하게 작용하고 있다.

황영삼 (한국외국어대학교 중앙아시아연구소 연구교수)

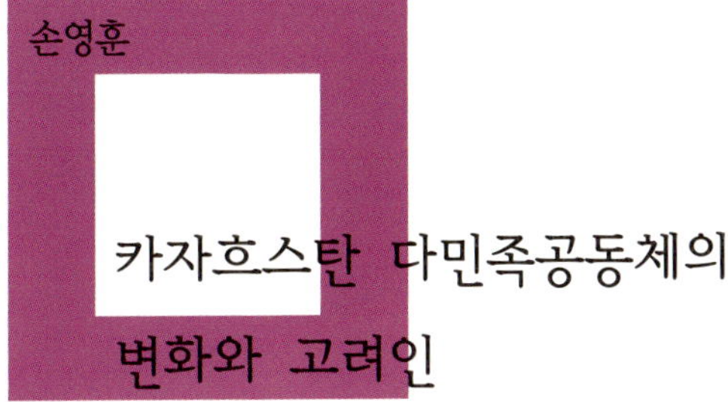

손영훈

# 카자흐스탄 다민족공동체의 변화와 고려인

## 현대 다민족국가 카자흐스탄

현대 카자흐스탄은 카자흐 민족의 국가라는 명칭과는 달리 다양한 민족 집단이 공존하고 있는 다문화 다민족 사회의 전형적인 특징이 나타나는 중앙아시아 국가이다. 현대 카자흐스탄을 구성하고 있는 민족 집단들은 제정러시아 및 소련 시기에 현재의 카자흐스탄 영역에서 보여준 공동체 형성 및 정착의 과정, 소련체제 붕괴 이후의 이들 집단에서 나타난 다민족공동체의 안정화 과정이 다른 중앙아시아 국가들과는 대비되는 상황을 보여주었다. 물론 카자흐스탄이 독립한 이후 카자흐 민족 중심구조로의 전환을 위한 다양한 노력이 카자흐스탄 정부에 의해 추진되어오고 있다. 2013년 카자흐스탄 인구에서 카자흐 민족 비율이 65%를 넘게 되었고, 이를 계기로 카자흐스탄 정부는 카자흐스탄 국가 구성원의 변화 측면에서 보편적으로 이용되어 왔던 '다민족국가 카자흐스탄'이라는 표현 대신 '다수집단 카자흐 민족과 소수민족 집단들로 이루어진 국가 카자흐스탄'이라는 표현을 사용하여 민족구성원 측면의 국가 특성 변화를 재정의하고 있다.

소련 초기 민족 정책에 의해 카자흐스탄이라는 지리-정치적인 단위가 만들어졌고, 명목적으로 카자흐 언어와 문화의 발전에 대한 지원이 이루어졌다. 그러나 스탈린 시기 집산화 및 정착정책은 정반대 결과를 초래하였고, 당시 카자흐 민족의 25%인 백만여 명이 이 과정에서 희생되었다. 소련체제에서 카자흐인은 카자흐 문화, 가치, 언어의 보존보다는 상당 수준의 러시아화를 수용하였다. 1960년대에 카자흐인 쿠나예프가 카자흐공산당 1서기로 임명된 것은 외면적으로는 카자흐인에게 자치권이 확보된 것으로 해석될 수도 있지만, 공산당 통치를 전제로 이루어진 것이었기 때문에 한계가 있었다. 따라서 현대적인 카자흐공동체의 독립과 자치는 1991년 소련 붕괴 이후에 실제 실현되었다.

18세기 중반부터 지속된 외세 지배과정에서 혈연 기반의 유목 공동체는 분열 상태였기 때문에 근대적인 독립 국가의 경험이나, 국민국가로의 발전을 이룩하기 위해 요구되는 국민 정체성을 발전시킬 기회를 가질 수 없었다. 신생 독립국 카자흐스탄의 국민형성 정책들은 카자흐스탄이 독립 초기 처해있는 인구학적인 구성의 다양성으로 인해 복잡해질 수밖에 없었다. 1990년대 중반 시점에서 카자흐인이 전체인구에서 차지하는 비율은 44%에 불과했고, 카자흐스탄은 명목 민족 집단이 다수를 차지하지 못하는 유일한 포스트소비에트 국가였다. 카자흐인은 주로 농촌, 그리고 중부와 남부지역에 밀집해있었고, 러시아인은 도시거주자들로 북부에서 다수집단을 이루고 있었다. 이러한 맥락으로 인해 카자흐스탄 독립이 카자흐인들에게 근본적인 민주주의 가치를 허용하는 제도나 구조의 설립으로 받아들여지지 않았고, 이를 위해서는 대중의 의지를 반영하는 정치제도의 설립, 법치에 대한 존중, 활동의 자유가 보장된 미디어, 사회기구, 정치 정당 등의 민주주의적인 가치를 실현하기 위해 요구되는 토대들이 근본에서부터 확립되어야 할 필요성이 대두되었다.

현대 민주주의의 측면에서 보면 혈연 기반의 이러한 절차들이 현대사회의 대중적인 선거를 바탕으로 형성되는 입법부와는 거리가 있지만, 이와 같은 카자흐 전통사회에 존재했던 원시 민주주의적인 요소들마저도 제정러시아와 소련 통치기를 거치면서 오늘날의 카자흐스탄과 거의 단절되다시피 했다. 카자흐스탄은 독립 직후 구성원의 특성으로 인해 국민 차원의 결속력 부족 상태에 직면하였는데, 이러한 상태에서 민주화와 사회적인 안정은 심각한 위협에 직면할 수밖에 없었다. 제정러시아 병합 이전 카자흐 공동체 차원에서 가장 광의의 정체성은 민족개념보다는 아래 단계인 대, 중, 소쥬즈 수준으로 형성되어 있었고, 개별 쥬즈를 초월한 단일한 현대카자흐 민족 또는 카자흐 국민 정체성을 형성할 기회나 상황은 주어지지 않았다. 또한 소비에트 체제에서 근대민족공동체 외형을 기반으로 하는 소비에트 카자흐공화국은 구성원 측면에서는 명칭과는 달리 카자흐 공동체는 인구 규모에서 두 번째 집단이 되었는데, 카자흐인 공동체와 문화에 최대 인구집단인 러시아 민족의 문화요소 유입이 지속되었다. 이로 인해 카자흐스탄 독립 이후 공동체 구성원은 독립 이후 20여 년이 훨씬 더 지나서야 명실상부한 카자흐 민족의 수적인 우위를 확립하였지만 다양한 소수민족공동체들의 문화적인 다양성이 허용되는 사회구조가 여전히 유지되는 결과로 이어지고 있다.

카자흐스탄 지배 엘리트 대부분은 대외적으로 카자흐스탄을 카자흐인의 고향이자 다양한 민족들이 평화롭게 공존하는 다민족국가로 언급하고 있다. 카자흐스탄 독립 후 최초로 만들어진 1993년 헌법은 카자흐인 민족자결체로 카자흐스탄 정체성을 규정하고 카자흐어를 국가어로 격상시켰는데, 독립 직후 카자흐인 중심의 민족국가 건설이라는 카자흐 정치 엘리트들의 의지가 반영되고 있었다. 1995년 개정 헌법은 체제전환 비용을 줄이고 평화적인 다민족 국가를 건설하기 위한 노력들이 반영되었는데, '카자흐스탄인(Kazakhstani people)'을 언급하며 중심민족인 카자흐 정체성과 초민족적인 카자흐스탄 정체성의 공존을 만들어냈다.

18세기 이후의 역사적인 상황으로 인해 신생국가 카자흐스탄은 카자흐스탄이 실제 카자흐의 땅으로 자리매김하는 부분에 치중함에 따라 체제전환에 따른 민주주의 체제의 우선적인 발전보다는 국가공동체의 토대 안정화를 우선시하였고, 민주주의 기본원리의 확고한 확립과 실현은 독립 초 카자흐스탄의 일상에서 간과될 수밖에 없었다. 1990년대 말 경제성장과 자원산업 활성화가 가져다 준 경제발전은 카자흐스탄인에게 자신감과 자기만족 의식이 확산 및 공유되는 계기가 되었다. 1998년 시작된 '카자흐스탄-2030" 계획은 국가발전을 위한 관리 정책이었는데, 2010년대 중반에 들어와서는 질적인 성장, 산업 다각화, 분배의 문제를 적극적으로 다루고 있는 '2050 누를리졸르' 계획 등으로 계승되어 발전은 계속되고 있다.

## 카자흐 영토 내 다민족공동체의 형성

유목공동체를 기반으로 하는 카자흐공동체에 변화를 가져온 직접적인 계기는 제정러시아 시기 러시아로 대표되는 슬라브계 민족 집단의 이주였는데, 러시아의 대외팽창과 연관되어 있다. 제정러시아의 카자흐 민족 영역에 대한 식민지화는 3단계로 진행되었는데, 첫 번째는 18세기부터 19세기 중반의 국경선 확장에 따른 식민화, 두 번째는 19세기 말부터 20세기 초까지 농업이주, 세 번째는 소련 시기 러시아인을 대표로 하는 슬라브계 노동이주의 특징을 가지고 있다. 19세기 말 54만 명 규모 러시아인 공동체는 소련체제를 거쳐 1959년에는 카자흐스탄 인구 30%를 상회하였고, 1970년에는 550만여 명, 1989년에는 620여만 명으로 늘어났다. 이와 아울러 카자흐스탄의 제정러시아 통치기에 이주된 집단들 가운데 러시아인을 비롯한 슬라브계는 유목지대 내부의 농업지대 확립이라는 경제적인 배경으로, 코사크인과 타타르인은 제정러시아의 중앙아시아 진출 및 현지 통치의 수월성 측면이라는 일종의 정치적인 이주를, 독일인은 제정러시아의 중앙아시아 통치기반 안정화와 농업이민이라는 배경을 가지고 있었고, 폴란드인은 제정러시아에 의해 폴란드가 분할 통치되는 과정에서 제정러시아 당국에 의해 중앙아시아로 유배당한 유형이민자라는 배경을 가지고 있었다.

현대 카자흐스탄에서 중심을 차지하고 있는 카자흐 공동체는 전통 유목사회를 기반으로 제정러시아 체제로 편입되었는데, 제정러시아의 통치 자체가 간접통치의 성격이 강했기 때문에 전통사회의 통치구조가 소련체제 초기까지 계승될 수 있었다. 소련체제에 들어와서 초기의 이른바 사회주의 이행을 가속화하기 위한 방안으로 민족-영토 단위 구성공화국 수립 및 민족자치의 채택은 토착민족 집단의 영향력이 확대되는 배경이 되었고, 이러한 틀에서 개별 민족 집단 자치도 활성화되었다.

민족자치를 기반으로 한 고도 경제발전에 따른 자동적인 공산주의전환과 사회주의 실현을 기대했던 이상적인 공산주의자인 레닌이 사망하고, 이른바 일국 사회주의에 기반을 둔 현실적인 공산주의자인 스탈린이 집권하게 되면서 정책의 반전이 이루어졌다. 집권 초기인 1920년대 말과 1930년대 초 일어난 대기근, 집산화에 대한 토착민족 집단의 저항, 러시아 문화를 바탕으로 하는 강력한 소비에트화의 추진으로 인해 1930년대 중반 카자흐인의 규모는 더 감소하여 민족 및 인종구성에 있어서 다수 집단의 지위를 상실하였다. 카자흐인 집단의 감소로 인한 노동력 감소도 두드러져, 많은 다양한 민족들이 유입되었음에도 불구하고 이후 제2차 세계대전 시기에 있었던 강제이주, 피난민의 유입으로 인해 민족 구조의 다양성은 확대되었고, 민족 구성 측면에서 다민족국가의 모습을 가지게 되었다.

토착민족인 카자흐민족이 카자흐스탄에서 공동체 규모나 공동체의 중심문화 측면에서 소수민족 집단으로 위상이 변화한 것은 제2차 세계대전 이후 추진된 소련의 처녀지 개발 및 공업화가 계기가 되었다. 이 기간 동안 2백만 명의 러시아 및 우크라이나인이 유입되었고 토착민족 카자흐인 규모가 1920년대와 비교하여 50% 감소함에 따라 제1위 민족 집단 지위는 러시아인이 차지했다. 토착민족 대신 유입민족이 다수집단의 지위를 차지하면서 토착민족 카자흐 민족은 사회적인 영향력이나 공동체 규모에서도 다수집단의 지위를 상실하였다.

또한 소련초기 집산화 과정 및 경제사회 변화과정에서 카자흐 민족이 대규모 감소함으로 인해 생겨난 인적자원 공백은 비-카자흐민족 집단으로 채워지게 됨에 따라 러시아 문화가 사회의 지배적인 문화가 되었고, 이로 인해 소수민족집단들은 토착민족문화보다는 러시아문화로부터 더 많은 영향을 받게 되었다. 이러한 구조로 인해 다양한 민족 집단이 지닌 특정 문화요소들의 지배적인 우위가 두드러지게 나타나지 않는 상황이 만들어지면서, 개별 소수민족집단의 문화 독자성도 다른 지역에 비해 상대적으로 잘 보존되어 왔고, 이러한 흐름은 소련체제 붕괴까지도 지속되었다.

1930년부터 1937년 사이에 시도된 집산화는 대략 40만 명 규모의 카자흐 유목민 정착이라는 성과를 거두었지만 경제 측면에서 두드러진 발전 결과를 거두지는 못했다. 이러한 상황에서 카자흐스탄 사회에서 고려인의 역할은 강제이주 이후인 1940년대에 벼농사에서 탁월한 성과를 거두게 되면서 부각되기 시작했다. 1929년부터 실시된 집산화의 결과로 카자흐스탄의 기존 농업기반 붕괴가 일어났다. 집산화 추진과정에서 카자흐인 상당수가 국유화에 대한 반발로 가축을 처분하고 카자흐스탄을 떠남으로 인해 유목민 인구의 대규모 유출이 발생했고, 1930년대 초 기근으로 인한 대규모 아사자 발생으로 카자흐인 규모는 소련체제 출범 초기에 비하여 대략 절반 수준으로 감소하였다. 농업기반 붕괴에 따른 농업인구 공백은 고려인을 포함한 강제이주민들로 대체되었다. 곡물농사 부적합 지역에 대부분 정착한 카자흐 고려인들은 벼농사 집단농장을 형성하여 1937년 강제이주 시점에서 2년이 안 되는 시점부터 벼농사에 성공하였다.

1950년대에 들어와서도 고려인 사회 기반은 여전히 농업 중심이었지만, 활동영역이 거주제한 해제조치 이후 확대되었다. 그러나 소련이나 카자흐공화국 전체의 시각에서 볼 때 고려인과 관련되어 다른 민족 집단들에게 연상되는 대표적인 직업군과 이미지는 농업종사자였고, 이러한 흐름에서 대표적인 고려인 농장들이 카자흐스탄 사회에서 알려지기 시작했다. 이 시기 중앙아시아 고려인 젊은 세대가 농촌을 탈피하여 소련의 대도시나 공업지대 도시로 이주하였고, 러시아를 포함한 유럽러시아 지역에서 고려인 사회가 본격적으로 형성되기 시작하였다. 이후 전문직으로 진출하여 성공한 고려인들이 나타나기 시작했는데, 주로 산업계, 문화 예술 분야 및 체육 분야가 중심이었고, 농업에서도 단순 농업 재배에서 전문화된 농업기술 개발 분야 등으로 확대되었다. 1960년대 이후에는 1950년대부터 시작된 유학, 전문직 진출이 성과를 거두게 되어 전문직 종사자, 학계 연구자들이 대거 늘어났고, 1970년대와 80년대를 거쳐 당시의 카자흐스탄에서 지식인 엘리트로서 자리매김 했다. 이들은 1980년대 말부터 소련 전역에서 일어났던 개별 민족 정체성의 회복을 위한 여러 활동을 고려인 사회에서도 주도적으로 이끌어가는 역할을 수행하였다.

## 현대 카자흐스탄 다민족공동체의 변화와 고려인 공동체

독립 이후 카자흐스탄에서 카자흐어와 전통적 민족 문화의 부활을 통한 카자흐 민족 정체성 확립이 국가적인 과제로 추진되면서 러시아인들은 카자흐어 확산을 핵심으로 하는 카자흐화 정책에 직면했고, 카자흐스탄 독립 직후 새로이 만들어진 카자흐스탄 정부의 직접적인 통치, 카자흐 언어와 문화의 습득이라는 카자흐화 정책에 대해 부정적이었다. 대규모 해외 유출에도 불구하고 카자흐스탄 북부에서 러시아인의 인구학적 우위, 지역별 특정 민족의 편중구조는 북부지역 러시아인의 영토자치 및 분리주의 운동의 원인이 되었을 뿐만 아니라 카자흐스탄 국가 통합의 저해 요인으로 작용했다.

2002년 개정 정당법은 인종, 민족, 직업 및 종교에 근거한 정당 설립을 금지하고, 정당 등록 요건에 지리적인 다양성, 구성원의 다원성을 확보하는 조항들을 의무화함으로써 특정 지역 및 특정 민족 기반의 정치 세력 출현 가능성을 최소화하였고, 2004년에는 선거법 개정을 통해 하원의원 선거에 후보자를 낼 수 있는 자격을 정당만으로 명시하였다. 국가나 사회의 다민족적인 안정성을 저해할 가능성이 있는 개별 민족 집단의 특정 입장을 반영한 정치 활동은 제한되었지만, 비카자흐 소수 민족공동체들의 정치과정 참여는 다른 형태로 보장되었다. 입법부에서 카자흐스탄 사회의 다민족 구조 특성이 반영될 수 있도록 하였는데, 2007년부터 소수민족 대표들의 입법부 진출이 카자흐스탄 민족회의를 통해 이루어지도록 제도화되었다. 독립 초기 나타났던 러시아인의 극단적인 지리적인 고립주의에 따른 다민족공동체 분열 가능성도 카자흐스탄 민족회의를 통해 다민족공동체의 정치과정 참여프레임으로 수용됨에 따라 최소화될 수 있었다. 그리고 인구의 지역적인 불균형 분포는 1997년 수도 이전에 따른 중앙정부 및 공공기관의 이전 과정에서 특히 남부지역 젊은 세대의 중북부 이주를 촉진하는 여러 가지 지원책을 통해 인구학적인 불균형 수정에 성공하였다.

1990년대 초부터 한국에 본격적으로 알려지기 시작한 10만 명 규모의 카자흐스탄 고려인 공동체는 중앙아시아 신생 국가들의 독립 이후 나타났던 급속한 사회변화와 발전상황에 적응하여 50만 명에 달하는 CIS 고려인 사회 중에 가장 긍정적인 변화를 보였다. 카자흐스탄은 1990년대 초 체제 전환 초기 급진 경제개혁 추진으로 인한 어려움에도 불구하고 보유하고 있는 천연자원을 최대한 활용하여 놀라운 속도의 경제성장 및 국가발전을 이루고 있는데, 소련 시기 카자흐 공화국 시절부터 현지 사회에서 역량과 위상을 인정받고 있었던 고려인에게도 이는 좋은 기회로 다가왔다. 소련 시기와는 다른 패턴으로 오늘날 카자흐스탄 사회공동체의 일원으로 자리매김하고 있는 카자흐스탄 고려인 사회는 소련 시기와는 다른 사회적인 여건에서 향후 미래 카자흐스탄 고려인 사회의 존속과 발전을 위한 준비와 변화가 요구되고 있다.

소련 붕괴 이후 독립한 중앙아시아 국가들은 경제 및 사회체제의 전환과 관련하여 서로 상이한 대응 방식을 취하였다. 소련 시기 기존 우즈베키스탄 지역에 특화된 제조업 기반을 이어받은 우즈베키스탄에서는 기존 제조업 중심의 제한적이고 보수적인 경제발전이 추진된 반면, 카자흐스탄은 1990년대 후반 이후 에너지자원 산업의 활성화를 기반으로 급격한 경제성장을 달성하며 세계 경제에서의 위상도 상승하고 있다. 이러한 과정에서 카자흐스탄은 소련 시기 형성된 제조업 기반이 취약하고 제한적이었기 때문에, 이를 전면적으로 개편 및 확대하기 위한 경제발전 전략이 채택되었다. 이는 과거와는 다른 새로운 경제 환경 출현으로 이어졌고, 기존 경제구조에서는 참여가 저조했거나 참여가 이루어지지 않았던 집단들이 이른바 이행기 경제에 참여할 수 있는 기회들이 많이 창출되었다. 또한 소련 시기 고려인들 사이에서는 이른바 일종의 경제 틈새시장 활용 및 극대화 경향이 존재하고 있었다. 이러한 요인들로 인해 소련 붕괴 직후 카자흐스탄에서는 당시 고려인 청년 세대의 적극적인 경제계 진출이 나타났고, 30여 년이 가까워진 시점인 2017년 발표된 카자흐스탄 50대 부호에 고려인 사업가가 5명 포함되어 전체인구에서의 고려인 비율인 1% 보다는 월등히 높은 편이다.

현재 카자흐스탄은 구소련권에서 빠른 경제성장을 이루고 있는 국가가 되었고, 중앙아시아 신흥 경제 강국이 되었다. 경제지표에 따른 차이가 있지만 1인당 GNP를 기준으로 카자흐스탄과 카자흐스탄을 제외한 나머지 국가들 간의 격차는 상당히 큰 편이다. 카자흐스탄의 급속한 경제도약 및 시장 규모 성장으로 인해 중앙아시아 인접국의 노동력들이 상당수 카자흐스탄으로 계속 유입되고 있으며, 중앙아시아뿐만 아니라 과거 소련에 속했던 유라시아 전체 경제에서 카자흐스탄이 차지하는 위상과 역할은 소련 시기에 비하여 확대되고 있다

독립 이후 카자흐 고려인 공동체에서는 경제 분야 진출을 우선시하는 경향이 강해지면서 소련 시기에는 이른바 지식인 및 전문가 분야로 진출이 이루어졌던 고려인 식자층의 상당수가 비즈니스 분야로 진출하게 되었는데, 특히 이는 소련으로부터 독립한 직후의 어려운 경제 상황으로 인해 예비연구자나 학자 후보군들이 사업이나 비즈니스 영역으로 진입하면서 확대되었다. 1980년대 말 90년대 초중반의 이러한 흐름으로 인해 고려인 순수지식인층의 축소는 세대가 흐름에 따라 불가피한 상황으로 이어졌다. 2000년대 초 카자흐스탄 고려인 공동체에는 대략 350여 명 이상의 고려인 박사, 교수 및 최고 엔지니어 등이 있는 것으로 파악된바 있는데, 이들 대부분은 이미 노년층에 접어드는 상황에서 이들의 뒤를 계승할 40-50대 고려인 전문지식인의 규모는 앞서 언급된 상황과 연관되어 현저히 감소하여 지식인층의 일시적인 축소 및 단절이 나타나기도 했다. 그러나 이들의 후속세대가 이후 이른바 글로벌화된 교육을 받으면서도 역사적인 고향이라 할 수 있는 한반도와 지속적으로 연계가 가능한 실용 학문 분야를 중심으로 진출을 확대하고 있다는 점은 카자흐스탄 사회에서 고려인의 미래를 다른 중앙아시아 국가들과는 달리 여전히 긍정적으로 볼 수 있는 배경이기도 하다.

## 21세기 카자흐스탄 고려인 공동체의 과제

카자흐스탄 독립 이후 고려인-카자흐인 공동체간의 관계에서 더 부각되고 있는 우호적인 관계는 고려인의 중앙아시아 강제이주 시기부터 형성되기 시작했다. 소련 시기 명칭은 카자흐 민족의 국가였음에도 불구하고 카자흐인은 소수집단으로 자리매김하고 있었던 특수한 소비에트 다민족국가인 카자흐스탄에서 고려인들이 수행했던 이른바 러시아인 집단과 카자흐인 집단을 서로 결속 및 통합시키는 기능이 카자흐스탄 독립 이후 말 그대로 카자흐인의 국가로 사회구조가 변모하게 되면서 변화 및 수정을 요구받고 있다. 소련 붕괴 이후 고려인은 이들이 소련시 기를 거치면서 형성해왔던 고려인 고유의 정체성과 소련 붕괴 이후 탄생한 신생국 국민으로써 가져야 하는 정체성이 충돌하는 상황에 직면했고, 소련 시기 형성되었던 사회구조와 의식구조가 완전히 변화하는 양상에 대처해야 하는 문제점을 맞이하게 되었다. 이러한 상황에서 카자흐스탄 고려인은 사회 전반의 여건이 카자흐 문화 위주로 구축되어 가는 과정을 큰 거부감 없이 수용하고 있고, 특히 가장 현실적인 제약요인으로 부각되고 있는 카자흐스탄 국어인 카자흐어 사용 의무에 대해서도 실제 카자흐어 구사 능력 보유 여부와는 상관없이 이의 수용과 관련하여 다수가 동의하고 있는 것으로 알려지고 있다.

대표적인 소비에트 민족으로 소련 시기를 살아왔던 고려인들에게는 소련 붕괴 이후 증가한 불확실한 미래에 대처해야 하고, 새로이 형성되고 있는 사회에 적응해야 하는 두 가지 문제점에 직면하게 되었다. 민족 간 관계에 있어서도 소련 시기 주도 민족이었던 러시아 민족의 주도적 지위 상실과 이를 제도적으로 대체하려는 카자흐의 여러 가지 사회 주도권 변화 노력들이 나타나고 있다. 결국 이는 소련 체제하에서 적극적으로 소련 주류문화에 동화되었고, 소비에트 체제를 지지했던 고려인에게는 복합적인 갈등들을 유발시키는 상황으로 이어지게 되었다. 소비에트 카자흐공화국 시기에 카자흐인과 고려인은 이른바 사회를 주도하는 러시아 민족 다음에 위치한 민족들이라는 측면에서 상당 부분 동일한 사회적인 위상과 입지를 가지고 있었다고 할 수 있었지만, 소련 붕괴 이후의 이러한 동질적인 위상과 입지는 상당히 변화하게 되었고, 특히 비러시아계 민족으로써 가장 러시아 문화 지향적인 속성이 강했던 고려인의 입장에서는 새로운 사회 및 제도가 카자흐 중심으로 재편됨에 따라, 고려인의 러시아문화에 대한 입장, 카자흐 문화에 대한 입장은 새로운 형태로 변모가 불가피했다.

고려인이 러시아인 중심으로 운영되어온 사회주의 체제하에서 러시아 문화 및 언어에 대한 편중성을 보여주었음에도 불구하고, 고려인들은 현재의 체제하에서 토착민족인 카자흐인을 포함한 여타 다른 민족들과의 관계에서 갈등 양상을 표출한 적이 없다. 더욱이 이들은 같은 피부색의 아시아계 인종이며 가부장제 중심의 공동체 구조를 가지고 있고, 또 역사적으로 조금씩 밝혀지고 있는 상호연결의 고리를 고려해보면 우호적인 관계가 설정되는 것은 당연하다고 할 수 있다. 카자흐인은 고려인에 대해서 성실하고 책임감이 있다는 평가를 흔히 하고 있으며, 두 집단 간에는 서로에 대한 민족적인 반감이 존재하지 않으며, 상호 협력적인 관계를 유지해온 것으로 알려지고 있다.

소련 시기에 고려인과 같은 역사적인 모국과의 유대가 사실상 단절된 소수민족 집단들은 사실상의 문화 및 사회적인 지배집단인 러시아인과 그렇지 않은 토착민 집단들의 권력을 조절하는 중간 통치 매개체의 역할을 자기들의 의사와는 상관없이 수행했다. 소련 초기 레닌 집권기에 이루어진 체제안정의 측면에서 토착민 중심의 토착화정책이 이루어진 시기를 제외하면, 소비에트의 민족정책은 토착민 집단의 권력을 약화시키고 분산시키는 양상으로 전개되어 왔는데, 외면적으로 이는 개별 민족을 초월한 계급으로 나아가는 제 민족 집단들 간의 화합이라는 형태로 이의 추진이 합리화되었다. 당대 소련을 구성하고 있는 여러 민족 집단들은 민족보다는 계급을 우선시하는 체제 이념을 수용하였다. 역사적으로 이미 제정러시아 이주 이후 현실적인 삶의 방편 차원에서 불가피하게 러시아화를 수용해야 했던 고려인은 소련체제에 들어와 특히 중앙아시아 강제이주 이후 러시아어 및 러시아 문화에 대한 편향성을 더 두드러지게 나타냈고, 소련당국의 입장에서는 비러시아인이 다수를 차지하는 소련의 일부 영역에 대한 통치과정에 참여가 가능한 집단으로 평가하였다. 고려인에 대한 다른 민족들의 평판 가운데 보편적인 인식의 하나는 바로 고려인들이 기회를 잘 활용한다는 것으로, 이는 19세기 제정러시아로의 이주 이후 이어져 온 고려인의 역사에서 당대의 지배 권력과 항상 같은 방향에 서 있었다고 다른 민족 집단들에 의해 평가되어 왔음을 의미한다.

카자흐인과 고려인 간의 민족적인 관계는 앞서 언급한 것처럼 우호적이고 안정적인 상태를 보이고 있는데, 2000년대 중반 이후 카자흐스탄 방송에 한국드라마가 방영되어 한국의 전통적인 공동체에서도 장자가 우선시 되는 가부장제 전통을 가지고 있다는 사실을 알게 되고, 또 한국 건설업체가 건설하는 한국형 아파트가 선풍적인 인기를 끌게 되면서 카자흐인들은 연령대에 상관없이 한국을 인지하게 되면서 카자흐인의 고려인에 대한 시각은 이들의 역사적인 모국이 한국이라는 측면에서 부정적으로 변할 여지는 거의 없었다.

이러한 사회문화적인 공통성뿐만 아니라 역사적인 기원에서도 카자흐는 투르크와의 연관성으로 인해 한반도의 고대공동체와도 연관성을 가지고 있는 것으로 파악되고 있고, 카자흐와 한민족 문화가 상당히 유사함을 보여주는 가장 대표적인 부분은 언어로 카자흐어와 한국어 간에는 동일한 기능을 하는 문법요소, 형태들이 상당 부분 존재하며, 언어구조도 일치되는 특징이 나타나고 있다. 따라서 한민족의 후예인 고려인은 근현대사의 격변기에서 한민족이 보여준 뛰어난 적응력에 의해 러시아 문화로의 편향성이 강하게 나타났음에도 불구하고, 여러 가지 측면에서 카자흐문화와 한민족 문화 사이에 나타나는 유사성 내지는 동질성, 또는 친밀성은 오늘날 카자흐스탄의 카자흐인, 고려인 관계가 상호 신뢰 및 긍정적 내지는 우호적인 안정 상태가 유지될 수 있는 기반으로 작용하고 있다.

소련 시기 한반도와 제한적인 접촉에도 불구하고 현지 사회 공동체의 구성원으로 자리매김했던 카자흐스탄 고려인 사회는 1988년 서울올림픽 이후 소련과 한국 간의 문호가 개방되기 시작하자 중앙아시아의 고려인과의 관계 발전을 위해 1980년대 후반부터 1990년대 중반까지는 북한과 한국이 경쟁하는 구도에서 현지 고려인협회가 주관하는 광복절 기념식 같은 행사들에서는 협력하는 양상을 보이기도 했다. 1990년대 중반 이후 중앙아시아에서는 한국과의 관계 발전, 확대에 따른 한국 중심적인 관계가 경제, 사회 영역으로 확대되기 시작했으며, 카자흐스탄의 고려인 기업가들은 한국과의 여러 가지 사업에 다각적으로 참여하여 성과를 거두기도 했고, 한국과 카자흐스탄 간의 관계발전을 위해 여러 국면에서 한국의 입장을 직간접적으로 지원하는 활동을 펼쳐오고 있다. 21세기에 들어와 지속되고 있는 카자흐스탄과 한국 간의 관계 확대 및 심화 과정 뿐만 아니라 한반도의 통일과 관련되어서도 미래 카자흐스탄 고려인사회는 현지공동체의 일원으로 안정적으로 유지되어야 한다. 19세기 말 한반도에서 제정러시아 이주 이후, 그리고 가깝게는 1937년 중앙아시아 강제이주 이후 고려인사회가 보여주었던 현실적인 적응을 위한 노력들이 현재 변화하고 있는 카자흐스탄 사회에서 다시 활성화될 필요가 있을 것이다.

손영훈 (한국외국어대학교 중앙아시아학과 교수)

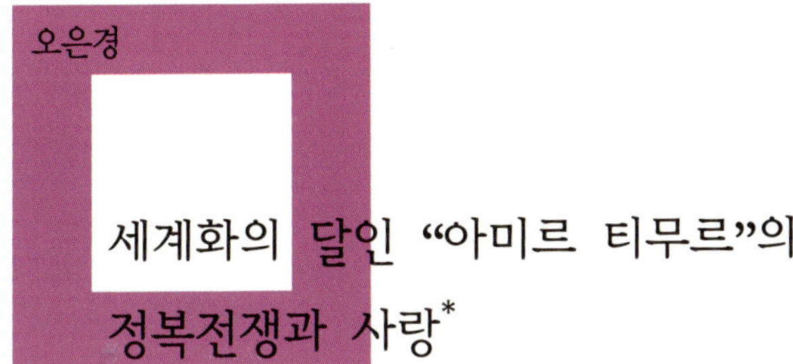

오은경

# 세계화의 달인 "아미르 티무르"의 정복전쟁과 사랑*

한국의 "유라시아 이니셔티브", 중국의 "일대일로(一帶一路)"로 인해서 중요성이 부각되어 오던 "유라시아 투르크(Turk)"국가들은 문재인 정부의 북방경제 정책으로 인해 재조명되고 있다. 그렇다고 해도 왠지 유라시아는 여전히 우리에게 미지의 세계인 것처

* 이 글은 2015년 프리미엄 조선 <오은경의 잊혀진 유라시아 이야기>에 수록되었던 글을 수정한 글임.

럼 들린다. 적어도 한국인들에게만큼은 그렇게 먼 나라로 여겨지지만, 서구에서는 이 지역에 관계된 많은 문화유산이나 역사적 인물들이 문학작품에 등장하기도 한다.

미국의 시인 에드가 앨런 포우의 처녀작 《테머레인과 기타 시(Tamerlane and Other poems)》(1827)에서 '테머레인'은 투르크족의 정복자 "절름발이 티무르(1336-1405)"를 영어식으로 옮긴 말이다. 투르크족은 지난 3000년 동안 48번이나 세계적 제국을 건설한 것으로 잘 알려져 있다. 그러한 '제국의 건설'은 '세계화'의 과거식 버전이며, 다른 방식의 표현이다. 물론 48번의 제국을 세운 정복자 중 동서양을 통틀어 가장 널리 알려진 인물은 칭기즈칸이라 할 수 있다. 그러나 서구에서는 "절름발이 티무르" 테머레인의 이야기가 오래전부터 연극 무대에 올려지거나 문학 작품화되어 보다 많은 대중성을 띠고 있다. 그들에게 정복자 "절름발이 티무르"는 다양한 스토리텔링의 소재를 주고 있기 때문이다. 영국의 극작가 니콜라스 로우는 희곡 《테머레인》(1702)을 썼고 헨델은 그 희곡으로 오페라 《타메르라노(Tamerlano)》를 작곡했다. 결과적으로 티무르는 우리가 생각하는 것보다 훨씬 세계적으로 잘 알려져 있는 "세계화된" 역사적 인물이다. 20세기 서방세계에서 칭기즈칸이 조명받았던 것은 냉전 시절 구소련에 대한 심리전의 일환이었다고 볼 수 있다. 칭기즈칸이 280년간 러시아를 지배했던 "악몽"을 상기시키고자 하는 정치적 의도가 깔려 있었던 것이다. 반면 몽골을 비롯한 구소련권에서는 소련이 해체되기 전까지 칭기즈칸은 그저 부랑배 정도로만 알려졌을 뿐이었다. 상상하기 어렵겠지만 칭기즈칸이 몽골에서 복권된 것도 불과 30여 년이 채 되지 않은 일이다.

방대한 티무르 제국을 건설했던 정복자 "절름발이 티무르"는 지금의 우즈베키스탄에서 태어났다. 가축 도둑 출신이라는 설이 있을 정도로 티무르를 둘러싼 여러 가지 설은 무성하다. 그는 출신이 무엇이든 거시적 안목, 야망, 통찰력 그리고 용맹함을 무기로 부족의 족장이 된다. 그러고 나서 티무르는 소수의 군대로 차가타이한국을 전복시키고 세계를 정복할 꿈을 꾼다. 그는 정복자의 정통성을 과시하기 위해 칭기즈칸의 혈통이 흐르는 죽은 적장의 아내 비비하늠을 자신의 본부인으로 맞이한다. 칭기스탄의 직계혈통이 아니라는 이유로 평생 왕이라는 뜻의 '칸'이라는 칭호를 쓰지 못하고, '지배자'라는 뜻의 '아미르'로 살았던 칭기스탄 가문의 사위 티무르는 비비하늠을 끔찍이 사랑했기 때문에 잔혹한 정복자와 사랑이라는 낭만적 테마를 소재로 하는 문학작품에 자주 등장하고 있다.

티무르는 지금의 사마르칸트를 거점으로 당시 러시아를 통치하고 있던 황금한국을 멸망시키고, 페르시아와 메소포타미아를 점령했고, 러시아, 조지아, 인도, 시리아, 터키 영토까지 침공한다. 우리의 고려 여인들이 몽골로 끌려갔듯이, 수천 명의 여인들이 티무르의 포로로 잡혀 오기도 했다. 과거의 전쟁에서는 항상 여성들이 제일 먼저 패전의 희생자가 되어야 했다. 현재 우즈베키스탄은 120여 민족들로 이루어진 다민족 국가이다. 이는 물론 스탈린의 민족 정책 때문이기도 하지만 그보다 티무르가 먼저 혼종·혼혈 정책을 썼다고도 볼 수 있다. 우즈베키스탄 여성들이 유난히 아름답다 소리를 많이 듣는 이유도 부분적으로는 정복의 역사와 무관하지는 않을 것이다. 정복지에서 가장 아름다운 여성들을 수천 명씩 사마르칸트로 데려왔으니 오늘의 우즈베크 여성들의 우월한 미모 유전자가 확보되는 데 영향을 미치기도 했을 것이다.

미국 역사학자 저스틴 모로치(Justin Morozzi) 의 저서 《테머레인: 이슬람의 칼, 세계의 정복자》 (2004)에는 정복자 티무르의 잔인하고 냉정한 부분이 묘사되어 있기도 하다. 한쪽 다리를 쓰지 못했던 그는 말을 타고 세계를 누비는 데에는 아무 문제가 없었다. 세계를 지배했던 정복자 티무르의 낭만적 사랑을 부각하기 위한 방편인지, 아니면 무슬림 정복자이기 때문인지 서구에서는 티무르의 잔인함을 부각하는 많은 일화가 회자되기도 한다. 바그다드에서 티무르가 9만 명의 주민들을 참수한 후 해골로 탑을 세웠고, 시바와 터키에서 티무르는 항복하는 자들에게는 피 한 방울 흘리지 않게 해줄 것이라고 약속하고 나서 투항한 3천 명의 포로들을 산 채로 매장했다든가 하는 등의 일화이다. 가장 비정하고 가혹하게 느껴지는 부분은 오스만투르크 제국과 전쟁 이후 술탄 베야지트에 관한 이야기이다. 티무르는 오스만투르크 제국의 술탄을 동물 우리에 가두고 그의 아내들은 발가벗겨서 모든 이들에게 음식과 술 시중을 들게 했다고 한다.

반면, 티무르의 예술과 학문에 대한 사랑과 열정은 대단했다. 그는 중앙아시아에서 문화 르네상스를 주도했다. 티무르가 정복한 도시는 반드시 새로운 문화중심지로 재탄생했다. 사마르칸트가 전 세계인들의 관심과 사랑을 받는 역사적 도시로 남을 수 있던 것은 그의 노력 덕분이었다. 티무르는 사마르칸트를 세계적으로 가장 아름다운 문화도시로 만들려고 했다. 새로운 문명과 문화 수용에 매우 적극적이고 열린 마음을 가지고 있었고, 건축에 남다른 애착을 두고 있던 건축 애호가 티무르는 세계 각지에서 가장 훌륭한 건축가와 건축자재를 반입해서 사마르칸트를 중세의 가장 아름다운 도시로 건설하였다.

사마르칸트의 가장 아름다운 건축물 '비비하늠사원'은 티무르와 그의 왕비 비비하늠의 슬픈 사랑 이야기를 담고 있다. 수많은 도시를 정복했던 그는 원정 지역에 걸쳐 18명의 아내를 두고 있었다. 그중 수도인 사마르칸트에 거주하는 본부인 비비하늠은 남편의 신임을 가장 많이 받고 있었다. 그녀는 남편의 환심을 사기 위해 남편이 인도 정벌을 마치고 오기 전까지 사마르칸트에서 대리석과 푸른 옥으로 가장 아름다운 사원을 짓기로 결심하고 당시 최고의 건축가를 초청한다. 하지만 젊은 건축가는 60세가 넘은 비비하늠에 반해서 티무르가 인도 원정에서 돌아오기 전까지 마무리하려면 자신에게 키스를 허용해주어야 한다고 조건을 건다. 현명한 비비하늠은 하렘에 있는 다른 여성들과 사랑을 나누도록 해주겠다고 역제안을 하며, 여성들은 계란에 색칠을 입힌 것처럼 색을 벗겨내면 모두 똑같은 존재라고 달랬다. 그러나 건축가는 무색무취의 술이 들어간 잔과 물이 들어 있는 잔을 비유하며 겉으론 똑같지만 자기는 술이 들어 있는 잔처럼 사랑이 끓어오르고 있다고 주장했다. 남편에게 세상에서 가장 아름다운 건축물을 보여주고 싶은 욕망에 비비하늠은 그녀의 뺨에 키스를 허용하고 만다. 그러자 젊은 건축가는 그녀에게 너무나 뜨겁게 키스를 한 나머지 그녀의 뺨에 붉은 반점을 남기고 말았다. 며칠 후 원정에서 돌아온 티무르가 비비하늠의 뺨을 보고 그냥 조용히 넘어갈 리가 만무했다. 건축가는 당장 목이 떨어져 나갔다. 티무르가 진노하여 그 건축가를 붙잡으려고 사람을 보냈지만, 건축가는 막다른 옥상으로 도망갔다가 거기서 날개를 달고 도망갔다는 설이 전해지기도 한다. 비비하늠은 미나렛에서 몸을 던져 죽었다고 한다. 이렇듯 비극적 결말로 끝나는 사랑 이야기를 배경으로 한 비비하늠이 티무르에게 헌정한 건축물은 그녀만큼이나 아름다운 자태로 복원되어 세계문화유산으로서 지금도 사마르칸트를 장식하고 있다.

구르 아미르

티무르가 잔혹한 정복자임에도 불구하고 서방에서 그를 호의적으로 받아들였던 것은 십자군 전쟁의 참사를 되풀이하지 않을 수 있었기 때문이기도 하다. 티무르는 실제로 오스만투르크 제국이 서쪽으로 침공해 들어올 수 있는 동력을 차단해주었기 때문에 서부 유럽은 위협에서 벗어나 안전을 보장받을 수 있었다. 티무르가 사망하고 나서야 오스만 제국은 지구상에서 그리스라는 나라를 완전히 없애버릴 수 있었다(1460-1830). 티무르는 유럽의 여러 나라와 교류를 했다. 스페인은 두 명의 대사를 티무르 제국으로 파견하기도 했다. 그중 헨리 3세가 파견한 루이 곤잘레스 클라비호는 1403년 티무르에게서 오스만제국을 동쪽에서 협공해줄 것을 약속받는다. 그리고 루이 곤잘레스 클라비호는 티무르에 관한 글을 일기식으로 기술하여 서방세계에 투르크 정복자에 대해 상세한 정보를 제공했다. 결과적으로 티무르는 서방세계로서는 든든한 버팀목 역할을 했기에 그의 잔혹함은 위대한 정복자의 이름 뒤에 숨겨지기도 했다.

티무르의 정복 전쟁은 70세 노구로 나섰던 명나라 원정길에서 막을 내린다. 600년 전에 그 나름대로 세계화를 달성했던 유라시아 투르크의 정복자 티무르가 더욱 장수했다면 명나라의 운명과 그리스의 운명이 완전히 뒤바뀌고, 세계사가 새로 쓰였을 것이다.

"티무르의 무덤에 손대지 말라. 손대면 전쟁이 일어난다"라는 전설을 뒤로하고, 1941년 구소련의 고고학자 게라시모프는 검은 옥 덮개와 육중한 철관에 눕혀져 있는 티무르의 시신을 분석했다. 1m 72cm의 시신에서 절름발이의 흔적을 확인했고 69세의 나이였지만 50대 초의 강골의 소유자라는 사실을 입증해냈다. 우연의 일치였는지 이 사건 직후 바로 독일의 히틀러가 소련을 침공했다. 두려움에 떨게 된 사람들은 그 이후 아무도 티무르의 무덤에 손대지 못했다.

수많은 신화와 전설을 담은 정복자의 이야기도 우리에게는 아직 "유라시아 투르크"만큼이나 낯설게 들릴 뿐이다.

오은경 (동덕여자대학교 유라시아투르크연구소장)

김상철·추영민

# 카자흐스탄 청년세대의 방송문화 활동: KVN 장르를 중심으로

## 21세기 카자흐스탄의 청년층 대중문화와 KVN

한국어로는 "재미있고 창의적인 사람들의 클럽" 정도로 번역될 수 있는 KVN(러시아어: KVN, Клуб Весёлых и Находчивых, Klub Vesyólykh i Nakhódchivykh 또는 Ka-Ve-En)은 중앙아시아 청년문화를 대표하는 TV프로그램이다. 1961년 11월, 소비에트 사회주의 리얼리즘의 프리즘이 약화되던 해빙기에 제작되어 당시

대학생으로 대표되는 청년 세대 문화를 대표하는 프로그램이었던 KVN은 소련 붕괴 후에도 중앙아시아 각국 주요 대학들을 중심으로 여전히 그 전통이 이어지고 있다. KVN 연합 공식 사이트에 따르면, 매년 500만 명이 넘는 관람객이 KVN을 시청하며, 40,000명이 넘는 참가자들이 경쟁했으며, 정기적으로 경쟁하는 팀이 약 3,000개에 달하며, 100개 이상의 도시가 KVN 게임을 운영한다. 또한, 20년 이상 방영된 KVN은 러시아에서 가장 높은 시청률을 기록했다.

하지만 KVN에 대한 인기를 파악할 수 있는 방송 관련 지표나 인기도 순위를 파악할 수 있는 개별 국가 단위의 공식자료가 발표된 바는 없다. 따라서 KVN에 대한 개별 국가별 인기도를 추정해 볼 수 있는 간접 지표는 Youtube에서 검색 및 시청이 가능한 국가별 KVN 영상물 중 가장 조회 수가 높은 경우를 개별 국가인구와 대비하여 추산해볼 수 있다.

중앙아시아 국가 및 러시아의 인구대비 KVN 시청(조회)수 비율

| | 키르기스 공화국 | 카자흐스탄 | 투르크메니스탄 | 타지키스탄 | 우즈베키스탄 | 러시아 |
|---|---|---|---|---|---|---|
| 인구 | 550 만명 | 1,800 만명 | 523 만명 | 800 만명 | 2,800 만명 | 14,000 만명 |
| 최다 조회수* | 290만회 | 520만회 | 51만회 | 63만회 | 77.5만회 | 1,900만회 |
| 인구대비 시청 (조회)율 | 52.7% | 28.8% | 9.75% | 7.8% | 2.76% | 13.57% |

최다 조회수는 개별 국별 KVN영상물 중 Youtube조회수가 가장 높은 사례를 반영.

중앙아시아 국가 및 러시아에서 KVN 프로는 대학생을 중심으로 하는 젊은 연령대가 중심이지만, 위의 표에서 보듯이 인구대비 시청(조회)률에서는 단순히 이들 연령대만 향유한다고 보기에는 상당히 높은 비율이 나타나고 있음을 알 수 있다. Youtube를 통한 시청이기 때문에 인터넷 환경이 중앙아시아 국가들 중 열악하거나 국가가 외국의 인터넷에 대한 접근을 통제하고 있는 국가들에서는 인구대비 시청(조회)률이 낮을 수밖에 없다. 국가별 비율에서 중앙아시아 국가들 중 상위권인 카자흐스탄은 youtube 영상물을 안정적으로 시청할 수 있을 정도로 인터넷 환경이 좋은 점도 조회 수가 높게 나온 것에 일정 부분 기여를 한 것으로 판단되며, 러시아의 비율보다도 월등히 높다는 점에서 이른바 이러한 포맷의 프로그램이 국민 예능 프로그램으로 수용됨을 추정해볼 수 있다.

중앙아시아 국가들은 독립 후에 나타난 사회문화적 변화들이 민족 구성의 측면과 연관되어 다양한 함의를 가지고 있는데, 전반적으로 러시아어 및 러시아 문화에 대한 영향이 지속되고 있는 상황이라 할 수 있다. 이중 특히 더 지배적인 영향 하에 있는 국가로는 카자흐스탄을 들 수 있다. 중앙아시아 국가 중 영토가 가장 넓고, 러시아와 가장 긴 국경을 접하고 있는 카자흐스탄은 유럽과 아시아가 교차하는 위치에 있는 국가로, 130여 개 이상의 집단으로 구성된 다민족 국가이다. 이러한 지리적, 다민족적 특성은 카자흐스탄의 사회 각 분야에 큰 영향을 끼치고 있다.

카자흐스탄은 제정러시아와 소비에트 시기를 거치면서 인구학적 변화를 경험하게 된다. 1920년대 이후 진행된 강제 집산화 정책, 1930-40년대 대기근과 강제 이주, 1950년대 처녀지 개발정책 등은 카자흐스탄 영토에서 카자흐인의 비율을 급격히 감소시켰으며, 여기서 발생한 인구 공백은 소련 정부에 의해 외부 이주민들로 채워지게 되면서 카자흐스탄은 지금과 같은 다민족 국가의 모습을 갖추게 되었다.

이 과정에서 카자흐스탄에 여러 차례의 대규모 이주 또는 유입된 비카자흐인들로 인해 카자흐 민족의 국가라는 명칭에도 불구하고 소련 시기부터 카자흐인이 차지하는 비율은 인구의 절반에 미치지 못했고, 소련 말기 카자흐공화국의 카자흐인 비율은 40% 이하였다. 소련 붕괴 후 일시적으로 일어났던 슬라브계의 모국 귀환으로 인한 순인구유출로 인해 전체 인구에서 카자흐 민족이 차지하는 비율이 일부 증가하였으며, 카자흐 정부는 국외 카자흐인들의 모국 귀환사업을 펼쳐 현재까지 100만 명의 국외 거주 카자흐인들이 카자흐스탄에 정착했다. 그 결과 2000년대 이후부터는 카자흐 민족이 명실상부한 다수 집단으로 자리하게 되었으며, 현재는 대략 60%대 후반까지 늘어났지만, 중앙아시아 다른 국가들처럼 민족문화의 문화적 우위는 형성되지 않고 있다.

중앙아시아 국가들 중 KVN 활동을 러시아와 연계하여 여전히 적극적으로 참여하고 있는 국가들로는 카자흐스탄, 키르기스스탄이 대표적인데, 이들 국가들에서 지역 예선을 통과하여 러시아에서 열리는 본선에 참여하는 KVN팀들은 이른바 러시아인들의 중앙아시아 출신들의 이미지나 스테레오 타입 등을 기반으로 하여 콘텐츠를 구성하고 있다. 특히 카자흐스탄은 러시아와 7,000여 킬로미터 국경선을 접하고, 인구 중 러시아인 비율이 상대적으로 높고, 도시 카자흐인들은 러시아 문화를 선호하고 있다.

## 카자흐스탄의 21세기 미디어 관련 환경 변화와 KVN

소련 붕괴 후 독립국이 된 카자흐스탄은 엄청난 부존자원과 광대한 영토를 기반으로 소련 붕괴 이후 출범한 신생 공화국들 중 두드러진 경제성장을 기반으로 최근까지 중앙아시아 변화를 주도하는 국가로 자리하게 되었다. 카자흐스탄은 연성권위주의 정권 형태로 서방 학자들에 의해 규정되어 왔고, 이는 카자흐스탄의 사회문화 분야가 상대적으로 활동의 자유성이 높게 보장되는 배경으로 작용했다.

카자흐스탄의 미디어 소비는 5대 범주인 인터넷, 잡지, 라디오, 신문, 텔레비전을 통해 이루어지고 있는데, 2012년에는 영향력이 텔레비전, 신문, 라디오, 잡지, 인터넷의 순서였다. 당시 카자흐스탄에서 신문과 인터넷을 매일 또는 그 이상 이용하는 비율은 35%였고, 당시 세계은행은 카자흐스탄 인터넷 보급률을 54%로 추산했다.

카자흐인들은 라디오, 신문, 텔레비전을 뉴스와 현안 파악의 매체로 더 선호하는 것으로 파악되었다. 카자흐스탄은 다른 중앙아시아 국가들과 달리 국외의 공신력 있는 매체가 카자흐어나 중앙아시아의 다른 현지어로 방송하는 뉴스 서비스 접근이 인터넷 서비스만을 통해 가능하며, 국내 지역들 간에 시차가 존재할 정도로 영토가 광대하기 때문에 라디오를 통해 실시간으로 최신 뉴스를 접하기는 어렵다.

뉴스와 현안 파악과 관련하여 신문에 대한 의존도는 일간신문이 얼마 되지 않기 때문에 월 7회 이상 신문을 읽는다는 비율이 60%대를 기록하고 있었고, 매일 읽는다는 비율은 6.5% 정도이다. 뉴스와 현안을 알기 위해 텔레비전을 매일 본다는 비율은 96.7%로 파악되며, 이는 카자흐스탄에서 가장 중시되는 정보 및 현안 소스임을 보여준다. 그러나 텔레비전은 맥락적인 차원에서 양면성이 있어 다면적인 배경 이해가 요구된다. 카자흐스탄 국영(및 공영) 텔레비전 채널은 지방에서도 방송 시청이 가능한 반면, 민영 또는 독립 채널은 일부 채널을 제외하면 시청권이 주요 도시로 제한되는 경우가 빈번하고, 뉴스 시각 및 아이템 자체가 국영 및 공영채널은 독립 채널보다 제한적일 수밖에 없다는 특징도 가지고 있다.

이런 측면에서 카자흐스탄에서 KVN과 관련된 활동과 발전 양상이 중앙아시아 국가들 중 가장 활성화된 점은 독립 후 카자흐스탄에서 나타난 TV 매체 환경의 특성과 변천에 대한 부분과 연관되어 접근 및 분석될 필요가 있다. 카자흐스탄에서 가장 대중적 파급력이 큰 미디어이면서 신뢰도가 높은 매체가 텔레비전임을 알 수 있다. 대외적으로는 유라시아경제연합 및 집단안보협력기구를 통해 러시아와의 연계가 강화되는 상황으로 카자흐 집권층이 통치권과 문화적 자율성을 강화하기 위해서 국내 미디어 관련 산업에 대한 투자를 확대해 왔다.

카자흐스탄의 미디어 마켓은 러시아 미디어 마켓과 상당한 유사성을 가지고 있고, 중앙아시아 다른 국가들보다 더 잘 발달되어 있다. 14개 방송 채널이 있으며, 90개 이상의 인터넷 TV 또는 유선 TV 운영사가 활동하고 있다. 2014년의 한 연구에 의하면 카자흐스탄 주요 채널에서 방영된 프로의 53%는 국내 제작물이고, 47%는 외국 제작물로 주로 러시아 제작물이었다. 그러나 이러한 수적인 다수가 시청자들의 선호를 직접적으로 반영하기 어려우며, 실제에서는 러시아에서 제작된 콘텐츠들이 여전히 미디어 시장에서 우위를 점하고 있다.

카자흐스탄 텔레비전 채널 가운데 Pervyy kanal 'Evraziya'와 Sed'moy Kanal은 러시아어 방송프로 시청자에 특화되어 있다. Pervyy Kanal 'Evraziya'는 2001년 이전 러시아에서 ORT로 불렸던 제1채널(Pervyy Kanal) 프로들을 대부분 재송출하기 때문에 특별한 경우라 할 수 있다. 카자흐스탄 Pervyy kanal 'Evraziya'는 러시아 Pervyy Kanal이 지분을 20% 갖고 있고, 80%는 카자흐 정부가 보유하고 있다. 2014년 TV Media Advertising Agency의 카자흐스탄 텔레비전 마켓 리포트에서 나타난 연령별 특성을 보면 TV채널 중 Kazakhstan, Kanal 31, NTK는 상대적으로 평균 나이 30대를 기준으로 젊은 층이 선호하고, Pervyy Kanal, Rakhat, Sed'moykanal 시청자들은 평균연령이 40대에 근접했다.

대표적인 두 개의 주요 채널인 Pervyy kanal "Evraziya"와 Kazakhstan은 카자흐스탄 정체성의 이중성이 잘 반영되어 있다. 전자는 대부분의 방송이 러시아어로 이루어지며, 러시아 방송 프로그램 재송출로 구성되어 있는 반면, 후자는 방송이 대부분 카자흐어로 이루어지며, 농촌 시청자들을 대상으로 하고 있다. 이런 맥락에서 Pervyy kanal "Evraziya"는 러시아의 시각에 입각한 세계 뉴스와 러시아 문화의 확산이라는 기능을 갖고 있으며, 카자흐스탄 국외에서 제작된 방송콘텐츠들이 국내로 유입 및 소비되는 역할을 하고 있다. Kazakhstan은 카자흐어 및 카자흐스탄에서 제작된 방송콘텐츠의 소비 및 확산이 이루어지는 창구 역할을 하고 있다. 러시아에서 제작된 엔터테인먼트 블록버스터 프로그램은 카자흐스탄 텔레비전에서 많은 시청자들을 확보하고 있는 반면, 카자흐스탄 국내 제작의 방송프로, 뉴스, 콘서트 등은 상대적으로 방송시장에서 경쟁력 확보가 어려운 특징이 나타나고 있다. 카자흐어 시청자 마켓은 제작사가 충분한 수준의 프로그램을 제작할 수 있을 정도의 수익을 창출하지 못하고 있기 때문에 국가지원에 대한 의존은 불가피하다.

카자흐스탄에서 텔레비전은 공공 여론을 반영하는 창이며 이를 형성하는 주요 대중매체 중 하나다. 정부는 텔레비전을 국민들과 공공 커뮤니케이션을 하는 핵심 수단 중 하나로 보고 있지만, 방송 채널들은 방송시장에서의 경쟁력 바탕이 되는 방송 순위와 광고에 역시 의존하고 있다. 카자흐스탄 텔레비전 시장은 정부의 공식적 메시지들에 대한 전달뿐만 아니라 국외(주로 러시아)에서 제작된 예능 프로들이 그대로 송출되는 특징이 있다. 국민의 1/4을 차지하는 러시아인, 다수 집단을 차지하고 있는 카자흐인 중 러시아어를 사용하는 도시 카자흐인 집단, 농촌에서 카자흐어를 사용하는 카자흐인 집단 간의 문화적 격차가 발생하지 않도록 하는 정치적 의지는 다민족 문화 사회 카자흐스탄에서 핵심적인 역할을 하고 있다. 이런 TV 매체 측면의 특성은 체제 전환 이후에도 KVN이 활성화되는 환경으로 작용하였다.

## 카자흐스탄의 카자흐-러시아 대중문화 공존구조와 KVN 분화

카자흐스탄은 유럽과 아시아를 지나는 길목에 위치한, 130여 개 민족으로 구성된 다민족국가이다. 이런 지리 및 사회적 특성은 국가의 정치, 사회, 문화에 큰 영향을 끼치고 있다. 이들은 유럽과 아시아의 모습을 동시에 지니고 있으며, 문화도 다면적 특성을 보인다. 위에서 언급했듯 카자흐스탄은 제정러시아와 소련 시기를 거치면서 커다란 인구학적 변화를 경험했다. 그 결과, 1991년 독립 당시 카자흐스탄은 130여 개 민족이 존재하는 다민족국가가 되었고, 독립 이후에도 카자흐스탄 사회는 러시아어 사용 집단과 카자흐어 사용 집단이 공존하는 독특한 특성을 갖게 되었다.

현재 카자흐 정부는 이런 특성을 고려하여 공식적으로 삼중 언어 정책을 시행하고 있다. 첫째는 국가 공식 언어로서 카자흐어, 둘째는 민족 간 소통언어로서 러시아어, 셋째는 국제 공용 언어로서 영어이다. 실제로 도시에서 자란 카자흐인은 러시아어를 중심으로 카자흐어를 함께 구사할 줄 아는 경우가 일반적이다. 고려인, 러시아인, 폴란드인과 같이 다른 민족은 보통 러시아어를 사용하는데, 국가가 카자흐어 사용을 권장하는 상황에서 카자흐어를 구사할 줄 아는 비카자흐 민족들도 적지 않게 발견된다.

지역별 민족 분포 비중을 보면, 카자흐스탄 북부 및 중부 지역 등에서 비카자흐 민족의 비중이 높은데, 이들 지역에서는 사실상 러시아어가 주요 사용 언어라고 볼 수 있다. 반면, 남부와 서부는 카자흐 민족의 비중이 80% 이상인 주들로 카자흐어를 기반으로 하는 지역으로 볼 수 있다. 알마티, 누르술탄(구 아스타나) 같은 대도시에서는 기본적으로 러시아어 사용이 일상화되어 있다. 카자흐스탄은 대도시일수록, 그리고 카자흐스탄 북부 및 중부 지역으로 갈수록 러시아어 사용이 증가하는 반면, 지방일수록 그리고 남부와 서부에 가까워질수록 카자흐어 사용 인구가 증가하고, 러시아어 사용 인구가 적게 나타나고 있다.

지역별로 특화된 언어 환경에 기인하여, 카자흐스탄 사회도 양분된 특징을 보이고 있다. 언어를 기반으로 하는 학술, 방송, 문학 분야에서는 이런 추세가 두드러지게 나타난다. 학술 분야는 중심 사용 언어에 따라 접근할 수 있는 정보의 양과 질이 현저히 달라지기도 한다. 방송과 문학도 수용 가능한 언어에 따라 콘텐츠의 성향과 내용이 상이하게 나타난다. 따라서 카자흐스탄 국민들 사이에서는 주 사용 언어에 따라 공감 가능한 주제가 달라진다. 이런 현상은 민족에 따른 것일 수도 있겠지만, 때로는 같은 카자흐 민족 내에서도 적지 않게 발견된다.

# 카자흐스탄 자이다르만 인스타그램

**Жайдарман әзілдер жинағы**
레크리에이션 장소
■ BERI @JAKYNDA DA YNGAILAN
■ Реклама жайында н/е сұрақтарыңыз болса - Direct
@kta_planeta
Astana, Kazakhstan

설명: 카자흐스탄 청년층은 주로 인스타그램 사용을 선호하는데, 여기에서 자이다르만의 페이지를 쉽게 찾을 수 있다. 매 시즌 재미있었던 팀의 공연을 모아 놓은 페이지로, 12.1만의 팔로워 수는 자이다르만에 대한 카자흐스탄 청년들의 수요가 결코 적지 않음을 보여준다.

이러한 현상은 청년문화에도 그대로 반영되고 있다. 카자흐스탄에 두 종류의 KVN이 존재하는 것은 이 때문일 것이다. 카자흐스탄 KVN은 러시아-CIS 지역 및 러시아어 기반의 KVN과 카자흐스탄 및 카자흐어 기반의 KVN인 자이다르만(Zhaidarman)으로 나뉜다. 카자흐스탄에서는 러시아 기반의 오리지널 KVN도 인기리에 방영되고 있지만, 동시에 이것이 지역화, 현지화된 자이다르만과 같은 프로그램이 존재하며, 청년들 사이에서 큰 인기를 누리고 있다.

누르술탄시 구밀료프 유라시아 국립대학교에 세워진 학교대표 출전 자이다르만팀 신규멤버 '캐스팅' 문화 행사 광고

최근에는 자이다르만과 같이 KVN이 현지화된 프로그램들이 생겨나는 추세이다. KVN의 형식을 따르는 대표적 프로그램으로는 카자흐스탄의 러시아어 KVN 유명팀 출신 스타 투르슨벡 카바토프가 이끄는 '콩을드 탑크르라르 알랑으'를 들 수 있다. 이는 카자흐어 기반의 청년문화가 확대되고 있다는 것을 보여준다. 따라서, 러시아어 기반의 KVN만을 살펴보는 것은 증가 추세에 있는 카자흐어 기반의 청년문화를 반영하지 못한다는 한계를 갖게 된다. 카자흐스탄 청년문화에 대한 보다 포괄적인 이해를 위해서는 러시아어 기반의 KVN과 카자흐어 기반의 자이다르만을 함께 살펴봐야 할 필요가 있다.

2005년에 본격화된 카자흐어 기반 KVN인 자이다르만은 러시아 KVN 운영사와는 별도로 카자흐스탄의 Jaidarman.kz라는 기획사가 독립적으로 운영한다. 그러나 사용 언어가 러시아어가 아닌 카자흐어라는 점을 제외하고는 KVN과 동일한 프로그램 진행 포맷, KVN처럼 대학이나 지역을 중심으로 형성된 팀들을 기반으로 구성되어 있으며, 여러 단계의 리그별 경쟁에서 심사위원단의 공개 심사를 거쳐 우열을 가리는 방식도 같다. 이런 유사성으로 청년들 사이에서 자이다르만은 '카자흐어 버전 KVN'이라 지칭되기도 한다. 카자흐스탄 사회에서는 참여자 및 시청자의 민족성, 거주 지역에 따라 KVN과 자이다르만에 대한 선호도가 다르게 나타난다. 자이다르만 참가팀의 최고 리그 기준 출신 지역을 보면 카자흐어 기반인 남부지역에서의 참여가 두드러지게 나타난다. 그러나 많은 대학이 집중되어 있는 알마티, 누르술탄 같은 대도시 청년들은 카자흐어와 러시아어 모두를 구사하는 경우가 많아 두 KVN에 참여하는 경우도 있다.

KVN 참여율이 높은 대도시 청년들 사이에서는 러시아어 KVN의 인기가 더 높다. 러시아어 KVN은 소련 시기부터 인기가 있었던 프로그램이며, 카자흐스탄을 넘어 다른 CIS 지역에서도 방영된다는 점, 이미 많은 스타를 배출해 낸 오리지널 프로그램이라는 점 때문에 청년층의 참여도와 선호도가 자이다르만 보다 높게 나타나고 있다. 그러나 자이다르만에 대한 시청자의 선호도도 낮지 않기 때문에 참여자 입장에서는 둘 중 하나에서만 두각을 나타내면 방송계에 진출할 수 있는 좋은 기회가 된다고 여긴다. 실제로 러시아어 KVN 최고 리그 방청권은 판매 초기에 매진될 정도로 높은 인기를 누리고 있으며, 이보다는 덜 하지만, 자이다르만 최고 리그 역시 인기가 높다.

최근 카자흐스탄 TV 채널들은 경쟁력 있는 방송 프로그램을 개발하기 위해 해외 인기 프로그램을 수입하거나, 자체 제작을 통해 다양한 시도를 하고 있다. 그러나 다양성 측면에서 경쟁력이 떨어지기 때문에 KVN과 같은 기존 유명 프로그램에서 배출된 스타들이 높은 인기를 누리고 있다. 따라서 카자흐스탄 청년들에게 KVN과 자이다르만은 스타가 되기 위한 대표적 관문으로 여겨진다.

인스타그램의 카자흐스탄 KVN 공연 홍보광고

설명: KVN 정규리그 시즌이 되면 온라인 및 오프라인 상에서 방청 광고를 어렵지 않게 찾아볼 수 있다. 광고는 대부분 러시아어로 표기되지만, 이처럼 카자흐어와 러시아어가 함께 표기되는 경우도 많다.

카자흐어 KVN이라 할 수 있는 자이다르만은 2005년 6월 20

일 설립된 카자흐스탄 시사-코미디 프로그램으로, 프로그램 형식은 러시아 KVN을 그대로 따르고 있으나, 프로그램 전체가 카자흐어로 진행된다는 점이 다르다. Jaidarman.kz라는 기업이 독립적으로 운영하고 있는데, 이는 마치 러시아 및 구소련 국가들을 모두 포함하는 러시아어 KVN을 AMIK사가 총괄 기획 및 운영하고 있는 것과 같다. 구조와 프로그램 요소는 KVN과 동일하며, 주제와 사용언어 등이 카자흐 청년층 중 카자흐어를 주로 사용하는 집단들이 주요 참여자이며, 관객층의 중심을 차지한다.

자이다르만 리그 일부는 카자흐스탄 현지 방송에서 TV로 방영되고 있는데, 국영 채널 카자흐스탄에서는 최고 리고 경연이 매주 일요일 17:50(80-110분 가량 방영)에 방송되고 있고, 민영 채널 NTK에서는 매주 일요일 15:20에 알마티 공개 리그를 방영하고 있다. 자이다르만의 리그별 경연들은 카자흐스탄의 대표 도시 누르술탄 시, 알마티 시를 비롯한 카자흐스탄 14주의 중심도시들에서 열리는데, 자이다르만은 카자흐어를 바탕으로 카자흐 젊은 세대의 춤, 노래, 모사, 만담 등 다양한 장르의 공연문화를 보여주는 대표 프로그램 중 하나다. 러시아어와 카자흐어를 함께 사용하는 카자흐 사회의 특성 때문에 자이다르만은 주로 카자흐어 사용 인구에게만 인기가 높은 프로그램이다.

2014 자이다르만 공연

사진출처:
https://baribar.kz/7136/astana-qalasy-kunine-oraj-zhanharu-kubogy-ujymdastyrylady/

공연은 카자흐스탄 사회에서 가장 이슈가 되는 사안이나, 카자흐 민족의 특성에 대해 풍자하는 내용들이 주를 이룬다. 예를 들면 2017년 카자흐스탄의 아스타나에서 개최된 '아스타나 국제엑스포 2017'과 관련하여 영어를 배워야 한다고 강조하지만, 우스꽝스럽게 영어를 구사하는 카자흐인을 묘사한다거나, 카자흐어를 사용하지 않는 카자흐인, 카자흐스탄 내 지역감정(신수도 누르술탄과 구수도 알마티 시민들의 라이벌 관계) 등에 대해 풍자한다. 즉, 카자흐스탄의 사회 안정을 해치는 불안 요소들을 다루고 있는 것이다. 이와 더불어, 카자흐스탄 독립기념일, 국제 학생의 날과 같이 특별한 날을 기념하는 공연도 자주 기획되고 있다. 카자흐스탄 교육과학부, 누르오탄당(여당) 청년회가 후원하는 경연도 자주 개최되고 있는데, 이는 카자흐스탄 정부가 자이다르만을 통한 청년층 문화 활성화 및 확산에 적지 않은 관심을 가지고 있음을 보여준다. 자이다르만의 가장 상위 리그는 최고 리그로 카자흐스탄 국영 방송에서 방영되며, 자이다르만 메이저리그는 수도인 누르술탄(구 아스타나)시 아스타나 콘서트홀(전 콩그레스 홀) 또는 카즈미디어 홀에서 개최된다. 현재 자이다르만 최고 리그에는 20개 팀이 활동하고 있다. 이들은 각자의 출신 지역, 대학교 혹은 그 외 소속 기관 등을 기반으로 팀을 구성한다. 현재 최상위 리그에는 대학교 기반 10개 팀, 지역 연합 기반 8개 팀, 기업 기반 1개 팀(카작 테므르 졸르-카자흐 국영철도), 국가 기관 기반 1개 팀(악토베 시청)이 참여하고 있다. 2005~2016년 사이 우승팀들을 살펴보면, 카자흐스탄 내에서도 카자흐어를 많이 사용하는 지역 출신이 대다수를 차지하고 있으며, 이는 카자흐어로만 진행되는 프로그램의 특성상 당연한 현상이라 할 수 있다.

공연 내용은 주로 카자흐스탄 사회 문제에 대한 풍자와 비판이 주를 이룬다. 자주 등장하는 주제로는 카자흐스탄 중앙 또는 지방 정부의 고위 관리에 대한 풍자, 카자흐 민족의 특이한 민족성, 각

지역 특성, 카자흐스탄 역사, 카자흐 민족의 전통 풍습, 현대 카자흐스탄에서 발생하고 있는 사회 및 외교 문제 등을 꼽을 수 있다. 그리고 비판적인 입장에 상관없이 공연의 마무리를 독립 카자흐스탄의 지위, 소비에트 시절 전쟁 승리의 기억, 카자흐 민족의 전통문화를 강조하거나, 정부 정책에 대한 지지 등으로 마무리하는 경우도 종종 발견된다.

## 정리

중앙아시아 국가들의 KVN은 독립 이후부터 최근까지의 기간 동안 개별 국가들의 사회 정책적인 차이에 따라 특히 러시아가 중심이 되어서 러시아어로 진행되는 KVN 리그 참가 및 성과 측면에서 상이한 결과를 보이고 있다. 이 가운데 국가 구성원 측면이나 러시아와의 특별한 관계 등으로 인해 러시아와의 연계 및 교류가 지속적으로 이어질 수밖에 없었던 카자흐스탄에서는 그렇지 않은 국가들에 비해서 더 활성화되어 왔고, 더 많은 성과를 거두고 있다.

21세기 카자흐스탄 KVN의 변화 및 발전 양상과 관련되어서는 중앙아시아 국가들의 인구 구조적인 특성, 대중매체 환경 변화와 관련된 여러 요소들이 같이 고려되어야 한다. 이러한 맥락에서 카자흐스탄 현대사회 문화의 중심이 되는 청년층 문화가 가지고 있는 다문화적인 특성을 보여주는 다양한 대중문화 장르 가운데 가장 대표적인 것이 바로 KVN이라 할 수 있다.

현재 카자흐스탄 내 방송 분야에서, 그리고 카자흐스탄 청년 중심의 문화에서 KVN이 가지는 영향력은 결코 적지 않은 것으로 보이며, 더 나아가 이들에게서 파생된 비슷한 포맷을 가진 방송 프로그램들이 새로운 카자흐스탄 방송 문화를 형성해나가고 있다고 평가할 수 있다. 현재 카자흐스탄에서는 카자흐 민족의 높은 출산율, 적극적인 카자흐어 장려 정책, 카자흐어에 대한 사회 인식 변화 등으로 인해 카자흐어 구사 인구가 젊은 세대를 중심으로 증가하고 있는 추세이다. 이러한 사회적 변화로 인해 앞으로 KVN 출신 스타를 중심으로 하는 카자흐어 기반의 국내 프로그램의 계속적인 형성과 발전이 이어질 것이라 예상된다.

김상철 (한국외국어대학교 중앙아시아연구소 연구교수)
추영민 (카자흐스탄 유라시아국립대학교 강사)

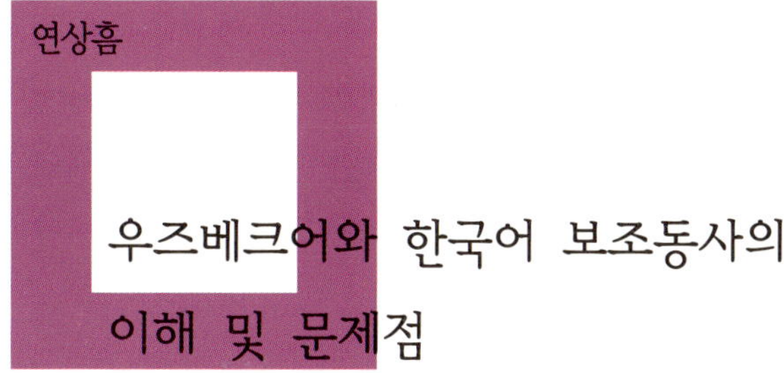

연상흠

# 우즈베크어와 한국어 보조동사의 이해 및 문제점

한 국가를 이해하기 위해서는 여러 분야들을 필요로 하겠지만 그중 가장 보편적이며, 보다 깊게 혹은 그들의 시각에서 바라보며 이해하려면 언어가 기본적인 바탕이 되어야 한다는 데는 많은 이들이 공감할 것이다. 특히나 중앙아시아 국가들, 구소련에서 독립한 국가들은 공용어로서 혹은 통용어로서 러시아어를 사용하고 있고 자국의 언어를 모른 체 러시아어만을 사용하는 국민들도 많다고 해도 과언이 아니다. 하지만 이러한 특수성으로 인해 이 지역 국가들에 다가갈 때 러시아어 하나만을 가지고 간다면 오류까지는 아니더라도, 그들을 보다 깊게 이해하기에는 분명히 한계가 따를 것이라 할 수 있다. 특히나 우즈베키스탄의 경우 우즈베크어 사용자들의 수가 빠르게 늘어나고 있는 추세이며, 단순히 이전처럼 러시아어를 통용어로서 혹은 제2외국어로서 사용하는 데 그치는 것이 아닌 현재 취하고 있는 급격한 개방과 같이 영어를 사용하거나 배우려는 화자 역시 늘어가고 있다. 거리에는 이를 증명하듯 많은 영어학원들이 앞다투어 영업을 하고 있으며 수많은 학원 광고 전단지들을 발견할 수 있다.

또한, 마치 우리가 거리에서 외국인을 만났을 때 그 상대가 영어권 국가에서 온 것이 아닐지라도 당연히 영어를 하겠거니 생각하여 영어로 대화를 걸었듯이 이전에는 우즈베크인들이 러시아어로 대화를 걸어왔던 것이 이제는 영어로 대화를 하려는 등, 식당들이나 카페에서 또한 영어 메뉴를 비치해 놓는 등 많은 변화들이 현재 우즈베키스탄에서 일어나고 있다. 사실 이러한 형태들이 뭐 그리 놀라운 것인가라고 반문할 수 있겠지만 불과 4~5년 전과 비교했을 때 큰 변화라고 평가하고 싶다. 중요한 점은 비록 미미할 수 있을지언정 젊은 세대가 많은 우즈베키스탄에서 러시아어에 그쳤던 외국어 학습이 영어 학습으로 변화하고 있다는 점과 우즈베크인들이 이전과는 달리 우즈베크어를 대부분 구사할 수 있다는 데 있다.

우즈베키스탄에서의 공용어는 우즈베크어이다. 사실 우즈베키스탄에 우즈베크어가 따로 존재하는지조차도 모르는 사람들이 많다. 하지만 알아둬야 할 점은 우즈베크어가 한국어와 유사점이 굉장히 많은 언어라는 것이다. 알타이어족설이 아직은 증명되어야 할 하나의 가설에 불과하고 또 알타이어족설 자체를 부정하는 학자들도 있는 것이 사실이지만 한국의 학교문법은 한국어가 알타이어에 속한다고 가르치고 있다. 우즈베키스탄의 학자들은 자신들의 언어가 알타이어에 속하며 한국어 역시 알타이어 가운데 하나로 기정사실화하고 있는 것이 현실이다. 앞으로 알타이어 가설 관점에서 긍정적이든 부정적이든 새로운 논의들이 꾸준히 이루어져야겠지만 현시점에서 두 언어가 굉장히 유사하다는 것은 사실이며, 그중 가장 비슷한 부분은 문법적인 측면이라고 볼 수 있다.

이는 두 언어가 교착어로서 나타나는 특징들을 아주 잘 갖추고 있기에 그렇다고 볼 수 있는데, 이 교착어의 특징 그리고 사용 빈도가 높고 두 언어의 특성을 잘 나타내는 표현법 중 흥미로운 것이 바로 보조동사이다. 보조용언으로 더 잘 알려진 이 문법 형태는 간추려서 말하자면 독자적으로 문장이 성립되지 못하여 본용

언 뒤에 붙어서 본용언의 뜻을 도와주는 용언을 일컫는다. 보조동사의 사전적 풀이는 본동사와 연결되어 그 풀이를 보조하는 동사를 말한다. 우즈베크 문법서에서도 역시 본용언과 결합하여 홀로 독립적인 뜻으로 사용되지 못하며 본용언의 뜻을 돕는 동사를 보조동사라 일컫는다. 교착어의 특징을 가진 언어들에서 많이 발견되는 이 보조동사는 특히나 한국어와 우즈베크어를 학습하는 이들이나, 구사하는 사람들에게 굉장히 흥미롭게 받아들여질 수 있는데, 두 언어 간 거의 일치하는 보조동사의 수도 상당하다.

인류학자인 사피어(Edward Sapir)와 언어학자 워프(Benjamin Whorf)의 사피어-워프 가설(Sapir-Whorf hypothesis)에 따르면 한 사람이 세상을 이해하는 방법과 행동이 그 사람이 쓰는 언어의 문법적 체계와 관련이 있다고 한다. 비록 명확한 이유를 찾기는 힘들지만 우즈베키스탄과 한국의 문화, 전통 관습 등 유사한 부분이 많다는 점은 우즈베키스탄을 방문한 한국인, 역으로 한국을 방문한 우즈베크인이라면 많이 느꼈을 것이다. 언어적인 측면에서도 에두르는 표현이라든지, 보다 많은 표현법을 사용한다든지 존칭, 가족 호칭어 등 많은 부분에서 닮아 있다. 그중 보조동사를 높게 평가하는 것이 우즈베크어에서의 표현을 빌려 오자면 언어의 부(富)라는 데 있다.

예를 들자면 '먹어'와 '먹어 봐'는 엄연히 다른 표현이다. 동사 '보다'는 분명히 눈으로 대상의 존재나 형태적 특징을 알아보는 행위 등을 나타낼 때 쓰이는 말인데, '먹어 보다'에서처럼 보조동사로서 쓰이면, 어떤 행동을 시험 삼아 함을 나타내는 의미로 변화하는 것이 우즈베크어에서의 보조동사 'ko'rmoq'과 일맥상통한다. 우즈베크어에서도 한국어에서와 마찬가지로 눈으로 하는 행위인 '보다' 동사 'ko'rmoq'이 보조동사로 쓰이면서 위와 같은 시험 삼아 함(본동사가 '먹다'일 경우 먹는 행위를 시험 삼아 함)을 나타내는 의미로 쓰인다.

우즈베크어 문법에서 보조동사는 *boshlamoq* (시작하다), *bermoq* (주다), *qo'ymoq* (두다, 놓다), *bormoq* (가다), *kelmoq* (오다),*tashlamoq* (버리다), *solmoq* (놓다, 넣다, 두다), *o'lmoq* (죽다), *ko'rmoq* (보다), *bilmoq* (알다), *o'tirmoq* (앉다), *bo'lmoq* (되다), *bit(bitirmoq)* (끝내다), *olmoq* (갖다, 받다), *qolmoq* (남다), *chiqmoq*(나가다), *ketmoq* (떠나다), *yotmoq* (눕다), *turmoq* (서다), *yurmoq* (걷다), *yubormoq* (보내다), *tushmoq* (내리다, 내려오다(가다)), *o'tmoq* (지나다, 바꾸다(변화), *yetmoq* (도달하다, 이룩하다), *qaramoq* (바라보다), *boqmoq* (보살피다, 돌보다) 그리고 *yozmoq* (쓰다)으로 총 27개로 보통 정의된다. 이는 한국어 보조동사의 수보다 많은 반면, 통사론적으로 봤을 때

우즈베크어에서의 보조동사에 비해 한국어에서의 보조동사가 보다 복잡한 형태를 나타낸다. 우즈베크어 보조동사에 관한 연구는 A. Hojiyev의 '우즈베크어 보조동사(O'zbek tilida ko'makchi fe'llar. 1966)'가 유일한 자료이다. 물론 이후에 출판된 모든 문법서가 보조동사에 대해 언급하고는 있지만, 동사를 설명하는 단원의 일부에서 그것도 A. Hojiyev의 연구 성과를 그대로 답습하여 간단히 설명하는 수준에 불과하다. 한국 문법서에서는 보조동사라는 개념은 우리말본(최현배. 정음사, 1937, 1955)에 이어 꾸준히 보조동사의 명확한 기준을 제시하고자 연구되고 있다고 볼 수 있다. 우즈베크어와 한국어에서의 보조동사를 간단히 살피자면, 두 예문을 들 수 있겠다.

A. 철수는 학교로 뛰어 왔다. Cholsu maktabga yugurib keldi.
  a. 철수는 학교로 뛰었다. Cholsu maktabga yugurdi.
  b. 철수는 학교로 왔다. Cholsu maktabga keldi.

B. 철수는 서울에 가 보았다. Cholsu Seoulga borib ko'rdi.
  a. 철수는 서울에 갔다. Cholsu Seoulga bordi.
  *b.* 철수는 서울에 보았다. Cholsu Seoulga ko'rdi.

위 예문 A에서 '뛰어 왔다'를 a와 b처럼 '뛰었다', '왔다'로 나누어도 문장이 자연스럽게 성립된다. 따라서 이는 복합동사로 취급되지만 예문 B에서처럼 '가 보았다'를 a와 b로 나눴을 때 b 문장이 성립이 되지 않으므로 '보았다'를 보조동사로 본다. 마찬가지로 우즈베크어에서도 역시 'ko'rdi (ko'rmoq 동사의 3인칭 어미 형태)'가 보조동사로 취급된다. 즉, '보다' 보조동사를 통해 철수가 서울에 갔던 경험을 표현하는 것이 똑같이 우즈베크어에서도 '보다' 동사인 'ko'rmoq'을 통해 표현한다는 점이 특징이다. 부가적으로 앞서 말했듯이 우즈베크어와 한국어 둘 다 교착어이므로 어느 정도 단어 대 단어로 번역을 할 때 완벽하게는 아니더라도 어느 정도 의미 전달이 가능한 경우도 많다고 볼 수 있다.

하지만 두 언어 간 유사점을 확인할 수 있는 보조동사에서도 여러 문제점들을 발견할 수 있는데, 우선 고유의 문제점을 간단하게 소개하자면 우즈베크어 보조동사에 관한 문제점이라 할 수 있겠다. 이는 러시아어의 사용에 따른 것인데, 특히나 다른 도시에 비해 비교적 러시아계 우즈베크인들이 많이 거주하고 있는 타쉬켄트 즉, 우즈베키스탄의 수도에서 우즈베크어의 특성인 보조동사의 사용빈도가 점점 떨어지는 기현상이다. 예를 들어 한국어에서의 보조동사 '버리다', '치우다' 혹은 '놓다, 두다'와 궤를 같이하는 우즈베크어 보조동사 'tashlamoq' 혹은 'bo'lmoq'을 버리고 대신에 러시아에서 '이미'라는 뜻의 'уже'를 사용하는 빈도가 높다는 것이다. 어떠한 행위를 다 마침을 표현하는 문장 즉, '다 해 버렸다'를 예로 들자면 한국어에서 '버리다' 보조동사를 활용한 것과 마찬가지로 우즈베크어에서도 'bo'lmoq' 보조동사를 활용하여 'Qilib bo'ldim'이라는 문장이 있음에도 'уже qildim'과 같이 우즈베크어와 러시아어가 혼용된 형태를 발견할 수 있다. 이처럼 우즈베크어 고유의 특성 가운데 하나가 사라지는 현상이 발생한 데에는 여러 사회언어학적인 요인이 복합적으로 작용한 것이겠지만, 보조동사에 관한 연구가 부족한 것도 그 원인 가운데 하나라고 할 수 있겠다.

또 다른 문제점은 두 언어를 학습하고자 하는 이들 혹은 여행객들이 사용하는 번역기에서의 오류를 들 수 있겠다. 우즈베크인들에게 한국은 여러 이유들로 인해 가깝고 친숙한 그리고 가고 싶어 하는 나라 중에 하나라고 할 수 있겠다. 한국에 가고자 하는 이유는 분명 여러 이유들이 있겠지만 한국어 학습을 위해 많은 우즈베크 젊은이들이 떠나고 있으며 한국에서의 외국인 유학생 수 역시 우즈베키스탄이 압도적으로 많은 나라에 속한다. 또한, 한국 국적자에게 한 달 무비자 협정이 체결된 뒤로 우즈베키스탄에 여행 오는 한국인의 수도 이전에 비해 늘어나고 있는 추세이며 우즈베키스탄 역시 관광 활성화를 위해 현재 많은 노력을 기울이고 있다. 여행객을 예로 들자면 해외에서 가장 어려움을 느끼는 것이 소통이라고 할 수 있겠다. 특히나 현재 우즈베키스탄에서 영어 학습의 붐이 일어났다 하더라도 아직은 어려움이 있는 것이 사실이다. 따라서 소통을 위해 가장 먼저 찾게 되는 것이 번역기인데, 구글 번역기에서의 문제점들을 예로 들고자 한다.

위에서처럼 '주다' 보조동사를 활용하여 문장을 만들었을 때, 이를 우즈베크어로 번역하면 우즈베크어에서 '주다' 보조동사인 'bermoq'을 활용하여 'Menga bu kitobni o'qib bering'이 돼야 하지만 보조동사를 활용하지 못하고 단순히 '나에게 이 책을 읽으세요'라는 문장이 번역되어 나왔다.

역으로, '나에게 이 책을 읽어 주세요.'라는 우즈베크어 문장은 한국어로 제대로 번역이 된 것을 볼 수 있다. 하지만 보조동사 '보다'를 활용하여 문장을 만들었을 때는 큰 오류가 나타났다.

'나는 어쉬를 먹어 봤다'를 우즈베크어로 번역했을 때 무슨 이유에서인지는 모르겠지만 우즈베키스탄 전통 음식인 어쉬(흔히 기름밥이라 불린다. osh, plov)를 'baliq' 즉 '물고기'라 번역됐으며, 보조동사 '보다' 역시 활용되지 못한 채 단순히 '내가 먹었다'인

'yedim'이라 번역됐다. 특이한 점은 위에서 잘못 번역된 'Men baliqni yedim' 문장을 한국어로 번역기를 통해 번역하면 올바르게 '나는 물고기를 먹었다'라고 번역이 된다는 점이다.

역으로 '나는 어쉬를 먹어 봤다'라는 우즈베크어 문장은 한국어로 번역기를 통해 번역했을 때 위와 같이 '어쉬'를 '수프'라고 오역했으며, '먹어 봤다'에서 본동사인 '먹다'는 온데간데없고 보조동사로 활용하고자 한 '보다' 동사 때문에 인지 '보았다'라고만 번역이 되었다. 이 역시 역으로 '나는 수프를 보았다'라는 문장을 우즈베크어로 번역기를 통해 번역했더니, '수프'는 'osh'로 번역됐고 나머지는 제대로 번역이 이루어졌다. 혹여나 'osh'라는 용어 때문에 문제가 발생한 건 아닌가 싶어 'osh'를 '이 음식을'로 바꾸어 보았지만 보조동사 '보다' 즉, '먹어 보다'라는 표현을 번역기가 번역하지는 못했다.

위와 같은 문제점들이 나타난 이유로 여러 가지를 들 수 있겠지만, 가장 큰 이유는 위 번역 프로그램의 프로그래밍이 대표적이라 할 수 있겠다. 한국어와 우즈베크어가 가지고 있는 고유 특성의 이해 부족으로 인해 두 언어의 부(富)를 다 채우지 못한 형상이다. 두 언어가 가지고 있는 특성들을 유사점이 많은 서로가 너무나도 잘 이해할 수 있을 것이다. 하지만 아직 두 언어 간 연구가 부족한 실정이다. 두 언어의 닮음을 어렴풋이 발견할 수 있겠지만 생소한 것도 그 이유이다. 앞으로 두 언어 간 유사성과 공통성만큼이나 차이점들을 중요하게 고려해야 하며 앞서 말했듯이 보다 깊은 이해를 위해 언어를 아는 것 역시 빠트려서는 안 될 것이다.

연상흠 (타쉬켄트 국립동방학대학교 박사과정)

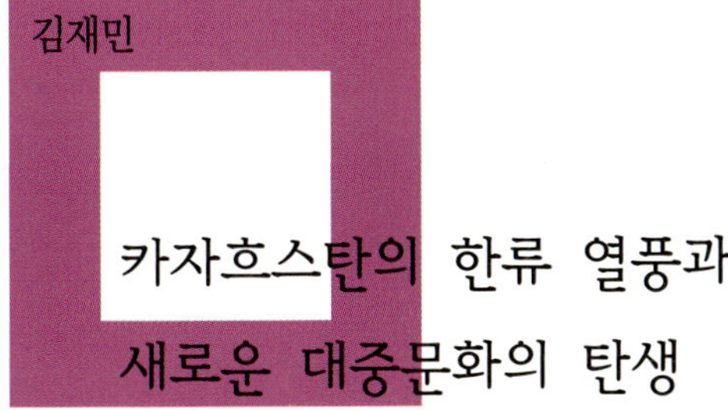
김재민

# 카자흐스탄의 한류 열풍과 새로운 대중문화의 탄생

## 카자흐스탄의 한류 열풍

최근 한류에 대한 기사가 연일 쏟아져 나오고 있다. 평소 한류에 관심이 없는 사람일지라도 '전 세계로 뻗어 나가는 한류', '한류 열풍' 등과 같은 제목의 뉴스 기사를 한 번쯤은 접해봤을 것이다. 1990년대 말부터 등장한 한류는 중국, 대만, 베트남 등 동아시아 국가들을 중심으로 확산되어 2010년 이후부터는 전 세계로 퍼져

나가기 시작했다. 드라마에서부터 시작한 한류의 장르도 K-pop, 영화, TV 예능 프로그램, 한식, 게임, 애니메이션, 패션, 뷰티 등으로 다양해졌다. 한류로 시작된 한국에 대한 관심은 '한국어 배우기'로까지 이어지고 있다. 실제로 한국에서든 중앙아시아 현지에서든 한국어를 배우는 중앙아시아 지역의 학생들에게 한국어를 배우기 시작한 계기를 물어보면 상당히 많은 학생들이 한국의 드라마, K-pop 등으로부터 시작한 한국에 대한 관심을 그 이유로 꼽는다.

카자흐스탄에서는 알파라비 카자흐스탄 국립대학교, 카자흐스탄 국제관계대학교, 유라시아대학교 등을 비롯해 총 7개 대학의 한국학과 혹은 한국어과에서 현지 학생들이 한국어를 배우고 있다. 또 누르술탄(구 아스타나)에 있는 한국문화원, 알마티 한국교육원, 심켄트 세종학당 등과 같은 한국어학당에서도 한국어를 배우는 학생들이 해마다 증가하고 있다. 제2외국어로 한국어를 가르치는 대학교까지 고려하면 카자흐스탄에서 한국어를 배우는 학생 수를 정확하게 집계하는 것은 다소 어려움이 있다. 하지만 1997년부터 실시된 카자흐스탄 한국어 능력 시험 응시자 수가 2013년에 총 648명, 2014년에 총 810명, 2018년 기준 총 1,437명으로 점차 증가한 것으로 미루어볼 때 한국어의 인기가 빠른 속도로 확산되고 있음을 알 수 있다.

중앙아시아에서의 한류 열풍은 대부분의 다른 국가에서의 한류 열풍과 마찬가지로 드라마, 영화, K-pop을 중심으로 자리 잡았다. 1998년 KBS의 <첫사랑>, MBC의 <주몽>, SBS의 <올인> 등이 카자흐스탄에서 방영되어 중앙아시아 국가 중 카자흐스탄에서 가장 먼저 한국 드라마가 소개되었다. 그중에서도 특히 <주몽>은 70~80%의 시청률을 기록할 정도로 그 인기가 대단했다. 그 후로도 <허준>, <선덕여왕>, <대장금>, <동이>, <가을동화>, <천추태후>, <로비스트>, <꽃보다 남자>, <프로듀사> 등 장르 구분 없이 다양한 드라마가 방영되면서 인기몰이를 하고 있다.

드라마뿐만 아니라 한국 영화에 대한 관심도 뜨겁다. 2005년 1월에 라하트TV에서 <쉬리> 방영을 시작으로 같은 해 9월 카자흐스탄 극장에서는 <올드보이>, <태극기를 휘날리며>, <JSA>, <봄날은 간다> 등이 상영되었다. 표현의 자유가 제한되었던 소련 붕괴 이후 특히 카자흐스탄은 영화산업에 관심을 가지기 시작해 1998년 중앙아시아 유일의 유라시아국제영화제를 창설하기까지 하였다. 유라시아국제영화제를 통해 2005년부터 다수의 영화가 소개되고 있다. 대표적으로 2008년 9월 유라시아국제영화제에 <황진이>, <숨>, <기담>, <시선 1318>, <M> 등 다섯 작품이 참가한 바 있다. 이 밖에도 2010년부터 주카자흐스탄 한국문화원에서 한국 영화를 소개하는 행사를 진행하고 있다. 이 행사는 2010년 아스타나(현 누르술탄)를 시작으로 2011년에는 알마티와 외스케멘으로 상영 행사를 확장하고 2013년부터 그 명칭을 '한국 영화 축제'에서 '한국 영화 순회 상영회'로 바꿔 아트라우, 카라간다, 쉼켄트, 코스타나이, 우랄스크, 악토베 등에서 한국 영화뿐만 아니라 한국 문화를 접하기 어려운 지역 특성을 고려해 다양한 한국 문화를 소개하고 있다.

최근 카자흐스탄에서 현지인들과 대화를 나누다 보면 한국 드라마나 영화에 대한 관심이 얼마나 큰지 느낄 수 있다. 예컨대 특정 드라마나 영화를 보았는지 그리고 그 작품이 한국에서 얼마나 인기가 있는지 등 한국 드라마나 영화에 대한 질문을 받곤 한다. 심지어 남북문제를 다룬 작품을 흥미롭게 보고 현재 남북의 상황이나 국가 정책 방향은 어떤지와 같은 장황한 설명이 필요한 질문을 하거나 한국 사람인 필자보다도 더 한국 드라마나 영화에 대해 잘 알고 있어 반대로 작품에 대한 설명을 들어야 하는 당혹스러운 상황이 더러 일어나기도 하는데, 그럴 때마다 한국 드라마 열풍을 실감하게 된다.

2000년대에 들어 인터넷 및 소셜미디어의 대중화로 K-pop이

중앙아시아에 서서히 알려지기 시작해 2010년대부터 본격적으로 카자흐스탄에서의 K-pop 열풍이 두드러졌다. 2011년부터 알마티와 누르술탄에서 주로 활동하는 한류 팬클럽 'Kazakhstan K-POP Generation', 'K-POP Kazakhstan Fans United', 'K-pop for Kazakhstan' 등에 속해있는 100여 명의 회원들이 단체로 예술의 거리 아르바트와 유명 쇼핑몰 앞에서 K-pop 플래시몹을 선보이는가 하면, '카자흐에서 한국의 해' 폐막식 공연차 K-pop 가수가 카자흐스탄을 방문했을 당시 공항에 카자흐의 한류 팬클럽 회원 70여 명이 공항에 몰리기도 했다. 또 'With Love from Korea', 'Feel Korea in Kazakhstan', 'K-POP Star KZ Festival' 등등 알마티와 누르술탄을 중심으로 수많은 K-pop 콘테스트나 페스티벌이 성황리에 열리고 있다. 'K-POP Star KZ Festival'의 경우 카자흐스탄 고려인협회, 알마티고려문화중앙, 고려청년연합 등 5개 고려인 동포 단체가 개최하는 행사로 K-pop 가수들의 안무를 따라 하는 커버댄스팀과 노래를 부르는 참가팀이 예선을 걸쳐 본선 경합을 벌이는 큰 행사이다. 이 행사는 현지 동포 단체들이 주최한다는 점에서 의미가 크다.

출처:https://www.youtube.com/watch?v=XqMteJM6z7c

어떤 이유로 한국의 대중문화가 카자흐스탄에서 빠르게 자리 잡고 큰 인기를 얻을 수 있었을까? 물론 인터넷의 발달, 소셜미디어의 보급, 한국 대중문화의 세련됨 그리고 한국의 공공외교정책 등 여러 이유가 있겠지만, 카자흐스탄 사람들에게 와닿는 직접적인 이유는 '친숙함'일 것이다.

카자흐스탄은 과거 유목 집단의 잦은 이동과 제정러시아의 대규모 식민 이주 그리고 소비에트의 소수민족 강제 이주 정책 등으로 현재 140여 이상의 민족이 거주하고 있는 전 세계적으로도 대표적인 다민족 다문화 국가이다. 카자흐스탄의 본격적인 '민족의 다양화'는 제정러시아의 비토착 민족들이 중앙아시아에 진출하면서 시작되었다. 이어서 소비에트 체제로 재편되면서 그 구성원이 다양화되고 규모 역시 증가하였다. 소비에트 체제의 경제 위기, 러시아 문화 중심의 소비에트화 정책으로 인한 카자흐민족의 감소 등과 맞물려 토착 카자흐인이 소수민족으로 전락하는 가슴 아픈 역사가 있지만, 지금까지 민족 간 큰 갈등 없이 조화를 이루고 있다. 그뿐만 아니라 유라시아 대륙 중심에 위치한 카자흐스탄은 과거 실크로드를 통해 다양한 문화의 교류를 바탕으로 융합된 문화의 공간이었으며 북부의 유목 문화와 남부의 정착 문화가 공존했던 지역이다. 이러한 카자흐스탄의 다민족 다문화적 요소로 카자흐스탄 국민들은 타문화에 대한 이질감이 적고 배타적이지 않다.

특히 카자흐스탄에 사는 많은 고려인은 한국이나 한국 사람을 좀 더 친숙하게 느끼게 하는 중요한 요소일 것이다. 제정러시아의 인구조사 결과에 따르면 1897년 이미 오늘날 카자흐스탄과 우즈베키스탄의 지방 도시에 일부 한인들이 거주하고 있었던 것으로 파악되지만 1937년 스탈린 정권의 강제 이주 정책으로 카자흐스탄에 한인이 본격적으로 거주하게 되었다. 당시 한인들은 일본의 첩자가 될 수 있다는 명목하에 약 17만 명의 한인들이 대거 중앙아시아로 강제 이주당하였는데 그중 95,256명(20,170가구)이 카자흐스탄 우슈토베로 이주하게 되었다. 강추위가 몰아치는 12월, 황량한 반사막 초원지대인 우슈토베에 도착한 한인들에게 소련 당국은 아무런 생활 대책도 세워주지 않았다. 하지만 강한 생존력과 근면성으로 우물을 파고 땅을 일구었다. 또 숨겨온 식물의 종자를 심고 콜호즈(집단농장)를 형성하여 농사를 짓고 성공적으로 정착하게 되었다. 현재 카자흐스탄에는 약 11만 명의 고려인이 거주하며 그 비율은 카자흐스탄 인구의 약 0.6%이다. 고려인들은 특유의 근면 성실함과 높은 학구열을 바탕으로 카자흐스탄 내에서 대개 중산층 이상의 수준으로 생활하고 있으며 평판 또한 좋다.

마지막으로 카자흐 민족과 한민족은 외모상으로 큰 차이가 없고 관계 중심적이며 특히 경로사상을 존중한다는 점이 우리의 정서와 상당히 유사하다. 대중교통을 이용할 때나 공공장소에서 어르신들에게 자리를 양보하는 모습이나 부모님을 부양하는 모습은 카자흐스탄에서도 너무나 익숙한 광경이다.

## 새로운 대중문화 Q-pop

한류의 열풍으로 최근 카자흐스탄에 한 가지 흥미로운 변화가 생겼다. 한류의 영향을 받아 Q-pop이라는 새로운 대중문화 콘텐츠가 카자흐스탄에서 만들어진 것이 그것인데 Q-pop의 'Q'는 그 단에서 쉽게 유추할 수 있듯이 Qazaq(카자흐)에서 'Q'를 따온 것이다. 카자흐 대중가요 Q-pop의 중심에는 2015년 데뷔한 5인조(AZ, 알렘, 에이스, 자크, 발라) 카자흐스탄 최고 인기 그룹 'Ninety One'이 있다. 'Ninety One'은 K-pop을 벤치마킹한 아이돌 그룹 발굴 프로젝트를 통해 결성되었고 특히 에이스는 한국의 SM엔터테인먼트에서 3년간 연습생 생활을 하기도 했다. 현재 'Ninety One'은 47만 명이 구독하고 있는 유튜브 채널을 가지고 있으며 최근 선보인 신곡은 10일 만에 유튜브 조회 수 2백만 건을 기록하기도 했다.

또 한국에서도 카자흐스탄의 Q-pop이 서서히 알려지기 시작하면서 팬층이 형성되고 있다. Q-pop 그룹을 알리는 한국의 유튜버가 생기는가 하면 2018년 1월에는 'Ninety One'이 한국에서 버스킹 공연과 팬미팅을 진행했다. 또 이들은 올해 3월 한국을 방문하여 한 유명 한국 예능 프로그램에 출연해 카자흐스탄과 Q-pop을 알렸다. 이외에도 'Mad Men', 'Newton', 'Moonlight', 'Crystalz', 'Juzim' 등 다양한 Q-pop 가수들이 배출되고 있다. 특히 'Mad Men'은 고려인과 카자흐인 등 다양한 민족으로 결성되어 카자흐스탄의 다문화적 요소를 강조하는 콘셉트로 활동하고 있으며 지난 4월 문재인 대통령이 카자흐스탄을 방문해 카자흐스탄 재외 동포와 간담회를 가졌을 때 한국의 아이돌 그룹 'BTS' 음악으로 안무 공연을 하기도 했다.

Q-pop

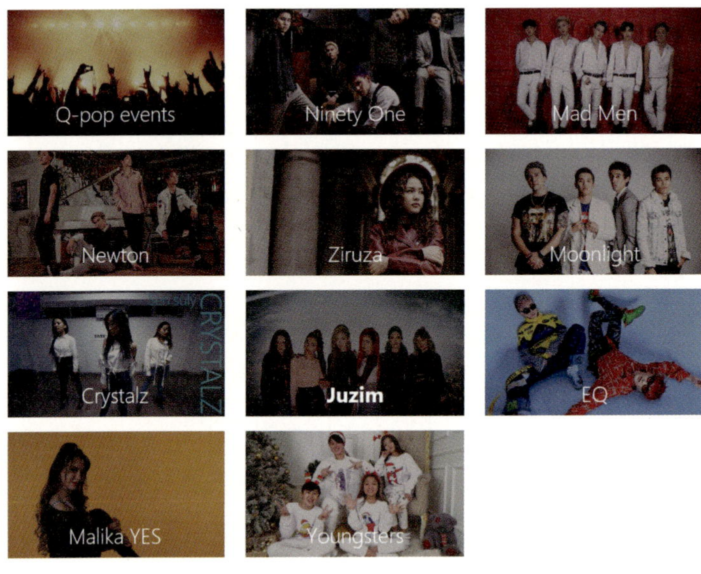


출처: https://www.ntk.kz/ru/q-pop/

1991년 독립 이후 대중문화 콘텐츠 개발에 대한 경험이 부족했기 때문에 한동안 카자흐스탄 대중문화 시장에서 러시아 노래, 드라마, 영화, 오락·예능프로그램 등 러시아적 색채의 대중문화가 우위를 점했다. 이러한 환경에서 어떻게 Q-pop이 인기를 얻을 수 있었을까? 가장 큰 이유는 바로 '카자흐스러움'일 것이다. Q-pop 가수들이 카자흐적인 색채를 가진 세련된 노래를 러시아어나 영어가 아닌 카자흐어로 부른다는 것은 신선한 충격이었다.

우리는 Q-pop 가수들이 카자흐어로 노래하는 것에 주목할 필요가 있다. 도대체 왜 카자흐스탄에서 카자흐어로 노래를 부르는 것이 큰 의미가 있을까? 결론부터 언급하자면 그동안 카자흐스탄에서의 언어적 지위는 카자흐어보다 러시아어가 우위를 점했지만, 지금은 전세가 역전되어 카자흐스탄 젊은이들이 카자흐어와 카자흐 문화에 자긍심을 느끼고 있다는 것이다.

소련의 붕괴로 갑작스러운 독립을 맞이한 중앙아시아 신생 국가들은 안보, 경제 등 사회 전반에 걸쳐 다양한 어려움에 직면하였다. 카자흐스탄을 비롯한 중앙아시아 신생 독립국가들은 국가 운영에 대한 경험이 부족한 상황에서 안정적인 국가 건설을 위해 크게 두 가지 과제를 함께 해결해야만 했다. 첫 번째는 더 이상 모스크바로부터 재원 조달을 기대할 수 없는 상황에서 국가 경제 발전을 이루어야 했다는 점이며 두 번째는 국가 및 민족 정체성 확립과 주권 보장을 위해 탈러시아화를 꾀해야만 했던 점이다.

민족 정체성을 확립하기 위해 언어적 이데올로기를 만드는 것은 매우 중요하다. 따라서 일부 중앙아시아를 포함해 구소련에서 독립한 나라들은 가장 먼저 언어 정책을 펼쳤다. 발트 3국의 경우 언어정책을 가장 활발하게 펼쳤다. 특히 에스토니아와 라트비아의 경우 시민권 취득 조건으로 토착 언어 시험을 채택하여 토착어를 구사하지 못하는 사람들에게 참정권과 경제 활동에 제약을 두었다. 중앙아시아 국가도 상황은 크게 다르지 않았다. 예컨대 아제르바이잔은 투르크 공화국 중 처음으로 1991년 12월 25일에 국회의 승인을 거쳐 아제리어의 라틴문자 전환을 공식적으로 선언하였고 투르크메니스탄은 1993년 4월 니야조프 대통령의 칙령을 통해 투르크멘어의 라틴문자 전환을 선언하면서 1996년 전면적인 시행을 목표로 하는 문자 개혁에 본격적으로 착수하였다. 우즈베키스탄 역시 1993년 9월 키릴문자에서 라틴문자로의 전환을 골자로 하는 우즈베크어의 문자 개혁을 선언하고 1996년부터 공식적으로 시행하기로 결정하였다.

하지만 카자흐스탄은 새로운 국가 정체성을 확립하는 과정에서 대표적인 소비에트 통치 유산인 키릴문자를 지속적으로 사용했다. 우즈베키스탄과 투르크메니스탄과 달리 보수적인 태도를 취하였다. 문자 개혁에 있어 소극적인 카자흐스탄의 반응은 여러 가지 이유로 설명이 가능하다. 카자흐스탄과 7,000km에 달하는 세계 최장 육상 국경이 맞닿아 있는 러시아는 카자흐스탄 안보에 큰 위협이 될 수밖에 없었다. 또한 다민족 국가인 카자흐스탄에서 전체 인구에서 카자흐인이 차지하는 비중도 문제가 되었다. 카자흐스탄 독립 직전 시점에 카자흐인이 차지하는 비율은 약 40% 정도로 총인구의 절반이 채 되지 않은 상황에서 약 38%에 육박하는 러시아인들의 존재를 완전히 배제하기는 어려웠기 때문이다.

물론 카자흐스탄도 독립 직후 카자흐어 지위에 대해 고민을 하지 않은 것은 아니다. 1991년 독립 선언서에는 '국가의 가장 중요한 의무 중 하나는 카자흐의 문화, 전통, 언어를 재탄생시키고 발전시키는 것'이라고 명시하는가 하면, 1995년 8월에는 카자흐어가 국어로 공식 채택되었다. 또 1996년에는 기존의 러시아 단어나 러시아 인물명으로 지칭되었던 각종 기관, 도로명을 카자흐어 단어나 카자흐 위인으로 교체하기도 했다. 더하여 1997년 제정된 언어법 제4조에 따르면 카자흐스탄 공화국의 국어는 카자흐어이며 모든 국민들은 국어를 배워야 할 의무가 있다고 명문화하고 있다. 더군다나 동 법령 제8조에는 모든 관공서 및 국가 기관에서 카자흐어를 의무적으로 사용해야 하고 러시아어는 '동등하게' 사용될 수 있다고 명시되어 있다. 이는 카자흐어의 지위를 한 단계 높이

되 카자흐스탄 내 많은 러시아어 사용 국민들과 러시아를 의식한 언어정책이었다.

이어서 1999년에는 대중 매체와 교육 분야에서 카자흐어 사용을 장려하는 법령을 발표함으로써 문화적 정체성을 공고히 하고 카자흐어 위상을 높이려 노력했다. 마침내 과거 독립 직후 즉각적으로 문자 개혁을 실시했던 다른 투르크 공화국들과 마찬가지로 카자흐스탄의 나자르바예프 전 대통령은 2017년 키릴문자에서 라틴문자로 문자 개혁을 진행할 것이라고 발표하면서 세간의 이목을 집중시켰다. 나자르바예프 대통령은 2025년까지 모든 공문서와 정기 간행물, 도서 등을 라틴문자로 발간해야 하고, 향후 중등학교 교과서부터 라틴문자로 발간하도록 지시를 내리는 등 적극적으로 문자 개혁에 대한 의지를 표출하였다.

카자흐스탄의 최근 발표한 문자 개혁 정책은 막대한 재원과 시간이 필요하기 때문에 그 실현 가능성은 확실치 않지만 이러한 카자흐스탄의 행보는 오랜 기간 진행된 카자흐어의 위상을 높이는 정책과 맞물려 카자흐스탄 국민의 정체성과 문화에 대한 자긍심을 끌어내기에 충분했을 것이다. 그 결과 현재 카자흐스탄의 새로운 대중가요 문화인 Q-pop이 성공적으로 자리 잡을 수 있게 된 것 같다.

'Ninety One'이 한 인터뷰를 통해 “우리는 케이팝을 기초로 노래하고 있지는 않다. 각 나라 음악에는 자신들 고유의 스타일과 정신이 있다. 다만 케이팝의 그룹 형성 시스템, 홍보 방법 등은 닮아 있다. 또 카자흐스탄에서 카자흐어가 인기를 얻고 있으며, 우리 팀은 카자흐어의 아름다움을 보여주려고 노력한다.”라고 밝힌 것처럼 카자흐스탄의 젊은 세대들이 카자흐의 고유문화와 자신들의 언어에 대한 자긍심을 가지고 새로운 시대를 열어가고 있음을 알 수 있다. 더불어 카자흐스탄에서의 한류 열풍이 카자흐의 새로운 대중문화 탄생과 맞닿아 있다고 하여도 지나친 주장은 아닐 것이다.

김재민 (한국외국어대학교 터키 · 중앙아시아 · 몽골학과 박사과정)

방일권·오상호

# 도시개발과 변화의 공간, 카자흐스탄 남부지역의 풍경

광활한 카자흐스탄 영토 중에서 이른바 남카자흐스탄(Ongtustik Qazaqstan) 주는 행정구역상 그 면적이 협소한 편임에도 불구하고, 지난 2018년까지 쉼켄트(Shymkent) 시를 주도(州都)로 하는 카자흐스탄 남부지역의 경제적 거점 공간이었다. 현재 이곳 쉼켄트 시는 총인구 102만 명에 육박하며 카자흐스탄 내 특별시로 승격된 후 지속적인 발전을 거듭하고 있으며, 새롭게 주도가 된 투르키스탄(Turkistan) 시는 2019년 7월 현재에도 활발한 도시 공사가 진행 중에 있다.

특히 쉼켄트 시와 투르키스탄 시가 주요 도시로 자리 잡고 있는 이 카자흐스탄 남부지역은 지리적으로 우즈베키스탄 타슈켄트(Tashkent) 시와 매우 인접해있기 때문에, 향후 육로를 통한 중앙아시아 지역 역내 경제활동에 핵심적인 역할을 이어갈 곳이다. 아울러 카자흐스탄 정부 입장에서 남부지역은 수도 누르술탄(Nur-Sultan) 시의 위치가 다소 북부로 치우쳐져 있다는 한계점을 보완할 수 있는 공간이기도 하다. 이에 전 나자르바예프(Nazarbayev) 정부에서는 특별시인 쉼켄트 시와 주도인 투르키스탄 시를 위한 개발에 많은 투자를 약속했으며, 현재 토카예프(Tokayev) 정부에서도 남부지역 개발에 대한 언급은 현지 언론에서도 어렵지 않게 접할 수 있다.

## 카자흐스탄 남부지역의 행정구역 개편

지난 2018년 6월, 카자흐스탄 남부지역의 행정구역에는 큰 변화가 있었다. 바로 남카자흐스탄 주의 주도였던 쉼켄트 시가 특별시의 지위를 얻게 되면서, 기존 남카자흐스탄 주의 명칭 또한 투르키스탄 주로 변경된 것이다. 또한 명칭과 함께 이곳의 주도는 역사적으로 유서가 깊은 투르키스탄 시로 지정되었다. 투르키스탄 시는 유네스코 세계유산으로 지정된 코자 아흐메드 야사위(Khoja Ahmed Yasawi)의 영묘가 소재한 곳으로, 카자흐스탄 국가 정체성과 카자흐 민족 정체성과 관련하여 정부 당국 차원에서도 그 의미가 중요한 곳이기도 하다.

한편 대한민국에서 '특별시(Metropolitan; Specially separated from the province)'라는 용어는 말 그대로 특별하게 분리된 도시라는 의미가 있다면, 카자흐스탄에서는 '망으즈 바르 칼라(Mangyzy bar kala)'라는 용어를 사용하고 있다. 이를 단어 그대로 분석해보면 도시를 말하는 '칼라(kala)'라는 단어 앞에 중요함이 있다는 의미인 '망으즈 바르(Mangyzy bar)'가 수식하는 구조이다. 지난 1993년 12월 8일에 제정된 카자흐스탄공화국 행정구역법(법령 제2572조 7항)에 의거하여 인구가 100만 명 이상일 때 특별시로 지정할 수 있는데, 쉼켄트 시가 이 조건을 만족했다는 말이다. 현시점인 2019년 7월 카자흐스탄 전체 인구는 약 1,851만 명을 넘어섰는데, 이 중 쉼켄트 시 거주인구는 약 101만 8천 명으로 1㎢당 876명의 인구밀도를 보이고 있다. 카자흐스탄 전체 평균 인구밀도가 1㎢당 6.72명임을 감안할 때, 상당한 인구 밀집 지역으로 이해할 수 있다.

코자 아흐메드 야사위 영묘의 전경 오상호 ⓒ

당시 카자흐스탄 정부 당국과 현지 언론은 남부지역 행정구역 개편에 대해서 매우 긍정적인 어조를 유지했으며, 남부지역에 특별시가 설치되면서 국가의 균형적 발전에 크게 영향을 줄 수 있을 것이라는 평가에 방점을 두었다. 한편 나자르바예프 전 대통령 역시 투르키스탄 주는 향후 500~600만 명의 인구를 보유한 대도시권으로 부상할 것으로 전망한다고 강조하며, 중앙아시아 경제의 거점 도시로 성장할 것이라고 언급한 바 있다.

## 급속한 현대화 진행의 공간, 쉼켄트

카자흐스탄에서 쉼켄트 시에 대한 인식은 다양하다. 지리적으로 우즈베키스탄의 지경과 인접할 뿐만 아니라, 실제로 쉼켄트 시의 인구별 분포를 보면 우즈베크인의 비율이 약 19%로, 카자흐인 비율 64% 이어 두 번째를 차지하는 민족이다. 알마티 시의 러시아인 비율이 28%임을 감안할 때, 쉼켄트 시에서 11%를 차지하는 러시아인들은 필자 체감상 실제로 거리에서 마주치는 경우도 상대적으로 적었다. 이러한 이유로 카자흐스탄 주요 도시에 거주하고 있는 카자흐인들은 '쉼켄트 출신'이라는 것에 대해 정통성이 부족한 민족이라는 시선으로 바라보기도 한다. 그렇지만 앞의 절에도 언급한 바와 같이 카자흐스탄 정부 입장에서는 문화적으로, 경제적으로 중요한 도시임에는 틀림없다. 이 때문에 당국은 국민들의 부정적인 인식들을 해결하기 위한 한 가지 방법으로 특별시라는 명확하고 가시적인 명목을 준 것일 수도 있으며, 우즈베키스탄 경제권에 의존하고 있는 도시라는 이미지를 벗어내고, 카자흐인들의 도시라는 것을 강조하기 위함일 수도 있을 것이다. 어쨌든 당분간 카자흐스탄 정부는 이곳에 많은 투자와 개발을 진행할 것이며, 현재 시점에서 쉼켄트 시는 과거와 현대화 개발이 공존하는 과도기적 양상을 보이는 도시 공간이다.

중앙아시아 지역 다른 도시와 비슷한 양상이지만, 쉼켄트 시 역시 시내 중심부의 경우 현대화에 대한 많은 투자로 급속히 발전한 모습을 보이는 반면, 중심부를 조금만 벗어나면 예전의 모습을 그대로 보이고 있다. 쉼켄트 시의 경우 중심가 외곽에 주요 전통시장들이 위치해 있고, 이들 시장과 함께 지방으로 가는 버스 터미널이 바로 옆에 위치한다. 쉼켄트 시는 1930~1980년에 걸쳐 제조업 및 공업 중심의 도시로 성장했고, 1950년대부터 경제적 목적을 위한 인구의 급속한 유입이 이루어졌다.[1] 이러한 인구 유입은 카자흐스탄의 독립 이후에도 꾸준히 이어졌는데, 1992년 당시 쉼켄트 시의 인구가 약 40만 명 수준이었던 것을 봤을 때 오늘날까지 약 2.5배의 인구가 증가했다.

---

1) 급속한 공업화의 영향으로 대기오염과 같은 환경문제는 심각한 수준으로, 카자흐스탄 도시별 대기오염 순위에서 2위를 차지하고 있다.

전통시장 아이나 바자르(Aina bazary)의 모습
오상호 ⓒ

한편 복잡다단한 쉼켄트 시 풍경들 속에서 카자흐스탄 국가 정체성 확립을 위한 정부의 노력들도 곳곳에서 찾아볼 수 있다. 도시의 주요 간선도로변에는 전 나자르바예프 대통령이 언급했던 독립 국가의 위상과 그 가치에 대한 문구들이 현판에 표현되어 있으며, 특히 독립기념공원(Tauyelsizdik cayabagy)은 넓은 면적과 화려한 조형물들로 잘 가꾸어져 있다. 독립기념공원은 독립연도인 1991년부터 20주년을 맞이한 2011년까지 카자흐스탄의 주요 기록들을 비석들에 새겨두었으며, 국기와 국가문장, 국가 통합의 상징인 알튼 샹으락(Altyn Shangyrak) 등의 기념물이 설치되어 있다. 이 공원은 시내 외곽지역부터 시내 중심부로 이어지는 톨레비(Tole bi) 대로까지 연결되어 있는데, 그 면적이 여타 카자흐스탄 도시들에 비해 넓고 웅장한 요소들이 많아 유난히 인상 깊다.

한편 시내 중심부의 경우, 현대화된 쇼핑센터나 청년층들이 선호할 수 있는 조경 시설들로 잘 꾸며져 있다. 지난 2007년 쉼켄트 시 최초의 현대식 복합쇼핑센터인 메가(MEGA)가 문을 열었고, 2016년에는 쉼켄트 시 최대규모의 복합 엔터테인먼트 공간인 쉼켄트 플라자(SHYMKENT PLAZA)가 영업을 개시했다. 세계적인 건축가들이 투입되어 국제 사회에 내어놓아도 손색없는 여가 공간으로 인정받고 있으며, 평일 낮에도 많은 방문객들로 붐빈다. 업체의 통계에 따르면 주말 최대 25,000명의 방문객이 다녀간다. 여느 도시와 같이 이러한 현대식 엔터테인먼트 시설에는 소비자들이 증가하는 반면, 전통시장은 한가했다.

청년층의 소비문화도 변화하고 있다. 쉼켄트 시 경제활동 인구의 월 평균임금이 약 10만 텡게(KZT; 약 260불) 수준임을 고려할 때, 카페와 같은 요식문화 이용에 많은 소비 지출이 요구되는 실정이나, SNS 문화 확산과 여가 문화 인식의 변화 등으로 이 부문들에 대한 청년층들의 소비는 증가하고 있다. 특히 하절기 경우, 저녁때까지 기온이 높고 일몰 시각이 21시 이후이기 때문에 심야까지 운영하는 요식업체들이 즐비하다. 즉, 카자흐스탄에 있는 전형적인 대도시의 소비문화를 남부지역 쉼켄트 시에서도 동일하게 볼 수 있다는 것이다.

쉼켄트 시 아르바트(Arbat) 거리의 밤 풍경 오상호 ⓒ

쉼켄트 시 독립기념공원의 풍경 오상호 ⓒ

복합 엔터테인먼트 공간 '쉼켄트 플라자'의 전경 오상호 ⓒ

카자흐스탄 정부는 쉼켄트 시의 현대식 주거 공간 건설과 가스 공급 및 상수도 서비스 시스템 개선, 교육기관의 정보화 시설 확충, 관광객 유치 등을 포함하는 이른바 '쉼켄트 시티(Shymkent City)' 프로젝트를 2020년까지 추진할 것이다. 일차적으로는 쉼켄트 시 북부 약 427ha에 해당하는 면적에 복합 문화시설, 공연장, 15개 상당의 교육 시설, 의료시설, 생태공원, 현대식 주거시설 등의 건설을 계획 중이다. 이는 향후 인구 200만 명을 수용하는 것에 대한 대비이기도 하며 쉼켄트 시에 있는 절반의 주택들이 1981년 이전에 지어진 것을 감안할 때, 보다 빠른 현대화를 갖추려는 움직임이다.

## 개발의 과정을 경험하고 있는 공간, 투르키스탄

필자가 이번 7월 초에 방문한 투르키스탄 시는 말 그대로 도시 전체가 공사 중인 상태였다. 투르키스탄 시가 주도로 승격한 지 만 1년이 지난 시점이었으나, 아직 완전히 자리 잡기까지의 진행 선상에 있는 정도로 이해할 수 있겠다. 사실 최근 아스카르 마민(Askar Mamin) 카자흐스탄 총리도 빈번히 방문하고 있는데, 이곳의 개발 진행 상황 점검을 위해서다. 카자흐스탄 정부가 목표하는 투르키스탄 도시 개발은 행정적 기능과 주거 기능의 확충뿐만 아니라, 역사의 도시로서 문화적이고 영적인 의미도 가지기 때문에 개발을 더욱 서두르고 있다고 볼 수 있다.

카자흐스탄 정부는 주도로 승격한 투르키스탄 시가 향후 급속한 인구 유입을 경험할 것으로 예상하고 있으며, 이에 2,300여 가구를 새로이 증축할 계획에 있다. 그 외 청년층들을 위한 아르바트 거리의 조성, 생태 공원의 확충 등을 포함해 2020년까지 관내 모든 시설에 대한 천연가스 공급도 계획하고 있다. 이번 건설에 총 2,500개의 일자리 창출이 이루어졌으며, 역사적 도시의 명성에 맞는 복원사업이나 관광센터를 신설할 것이라고 했다. 아스카르 마민 총리는 내년 하반기까지 도시개발 계획 이행을 약속하고, 인근 저소득층 가구들을 위한 주거 제공 복지혜택[2] 등까지 고려하고 있다고 강조했다.

한편 현재 투르키스탄 주 도청 청사는 준공을 완료하여 실제 공무원들은 근무를 하고 있었으며, 인근 도로 정비가 진행 중이었다. 코자 아흐메드 야사위의 영묘와 멀지 않는 곳에 위치하기도 하고, 외관 디자인 역시 유사한 모습을 보인다. 청사 건너편에는 아직 개관 준비를 하고 있는 종합관광안내센터가 공사 중이었는데, 향후 역사 관광의 중심도시로 발돋움하기 위해서 매우 중요한 역할을 할 공간으로 보인다. 경제적인 측면에서도 국가 차원의 투자를 살펴볼 수 있다. 이른바 투르키스탄 특별경제구역(Turkistan SEZ)의 개발인데, 지난 2018년 9월 나자르바예프 전 대통령이 이를 공표하고 향후 투르키스탄 시의 관광업 육성과 기타 건설 및 제조업 투자자들에 세금 혜택을 주는 등의 지원이 이루어진다. 특별경제구역을 포함하는 투르키스탄 경제 인프라 개발에는 총 20억 달러 규모의 투자가 이루어질 것이며 첨단 기술을 바탕으로 하

2) 누를르 제르(Nurly Zher) 주택건설 프로그램은 2015년부터 올해까지 기반 조성 단계를 거쳐, 2020년부터는 본격적인 지역 단위의 개발 프로그램이 된다. 민간업자의 주택개발 지원 및 저소득층 임대 주택 지원 등을 골자로 하고 있으며, 카자흐스탄 'Baiterek National Managing Holding Joint Stock Company'가 중심이 되어 시행된다.

는 스마트 시티로의 도약을 기대하고 있다. 또한 투르키스탄 지역 도시개발은 전 나자르바예프 정권에서 본격적으로 시작된 사업인 만큼, 현재 시내에서도 나자르바예프 전 대통령의 언급을 기록한 대형 게시물들을 쉽게 접할 수 있는데 그중 하나의 내용을 살펴보면 "새로운 주의 중심지가 된 투르키스탄 시 개발과 함께 이 도시의 국제적 위상을 높여야 한다."고 기술되어 있다.

전 대통령의 주도 승격 관련 언급을 기록한 대형 게시물 오상호 ⓒ

이상 살펴본 바와 같이 카자흐스탄 남부지역에 대한 정부 당국과 국민들의 기대는 매우 높다. 특히 이곳은 인구가 밀집된 지역이며, 중앙아시아 역내 교통의 중심적 역할을 하는 지리적 이점을 가지기도 한다. 아시아개발은행(Asian Development Bank)의 지원을 받아 이루어지는 '투르키스탄 ~ 쉼켄트 ~ 타슈켄트 ~ 후잔드(Khujand) 경제회랑'과 같은 국제적 교통망이 경유하는 곳이며, 아울러 우즈베키스탄과의 지리적 인접성을 기반으로 하여 양국과의 교역을 2017년 20억 달러 수준에서 오는 2020년까지 50억 달러까지 늘리는 것을 목표로 하고 있다. 이미 투르키스탄 주 관내에는 총 64개의 우즈베키스탄 합자회사가 있고, 농산물이 생육하는 데에 적합한 이 지역의 기후는 향후 첨단 기술과 접목하여 더욱 활발한 생산을 기대할 수도 있다. 또한 기존 관광 상품을 체계적으로 개발하여, 국제적 성지순례 프로그램이나 골프 관광 등으로 확산시키고, 관광 전문가들을 투입하여 오는 2030년까지 연간 160만 명의 관광객 유치를 목표하고 있다. 인근 광천수로 유명한 사르아가쉬(Saryagash) 지역과도 연계한 의료 관광코스도 계획하고 있다고 한다.

결론적으로 카자흐스탄 남부지역의 두 도시인 쉼켄트 시와 투르키스탄 시는 각각 특별시와 주도의 지위를 공식적으로 가지게 된 만큼, 추후 많은 투자와 지원이 이어질 전망이다. 카자흐스탄 정부 입장에서 이러한 남부지역에 대한 투자와 개발은 경제 성장

동력 산업 다원화의 노력이며, 앞으로 그 개발과정에서 발생하는 사회적 문제점들을 잘 극복해나가는 것도 중요한 과제일 것이다. 아울러 우즈베키스탄과 역내 경제 협력과 교류를 더욱 안정적인 차원에서 이어갈 수 있다는 점은, 기존 '견제'의 지점을 넘어 '협력'이라는 새로운 지점에서 만날 수 있을 것이라 판단된다. 앞으로 수년간 이들 도시가 카자흐스탄 남부지역의 모범적인 거점 공간으로 성장할 수 있을지 지역연구가로서 기대해보겠다.

방일권 (한국외국어대학교 중앙아시아연구소 연구교수)
오상호 (한국외국어대학교 터키 · 중앙아시아 · 몽골학과 박사과정)

안완국

# 투르크 민족의 세계유목민놀이대회

문화는 한 사회를 규정한다. 문화를 보면 한 나라를 배울 수 있고 민족을 이해할 수 있다. 우리는 비슷한 문화를 접하면 친근감을 느끼고 동질성을 부여한다. 그렇기에 문화를 소개하는 일은 사뭇 진지한 일일 뿐 아니라 정확한 전달이 요구되는 일이다. 키르기스스탄처럼 한국에 잘 알려지지 않은 나라는 사람들에게 새로움이라는 호기심을 줄 수도 있지만 무관심의 영역으로 여겨질 수도 있다. 그렇기에 본 글에서는 투르크 문화권에 대한 광의의 개념의 문화를 다루기보다는 조금 더 쉽게 사람들이 접할 수 있는

'놀이'라는 매개체를 통해서 맛을 보고자 한다.

우리는 흔히 놀이를 생산적이지 않은 단순한 '쉼'의 개념으로 이해하고 있는 경우가 많다. 특히 놀이는 일과 상반되는 개념으로 많이 쓰이곤 한다. 그러나 역사적으로 조금만 들여다보면 결국 우리가 가치 있는 생활을 영위하고 사람답게 살아갈 수 있게 만들어 주는 '일'을 위해 '놀이'가 탄생했다는 것을 알 수 있다. 농경사회의 풍작을 기원하는 주문과 기도, 두레와 품앗이를 통한 공동체 활동, 외부의 침입으로부터 자국민을 지키기 위한 군사적 훈련 등에서 놀이가 파생되고 발전해 온 것이다.

문화는 국가와 민족을 이해할 수 있는 가장 대표적인 지표이다. 여러 문화 요소들 중 가장 친숙하게 접할 수 있는 것 중 하나가 바로 전통놀이이다. 전통놀이를 들여다보면 그들만의 시대정신, 사상 그리고 생활양식 등이 그 속에 녹아 들어있다. 오랜 역사와 함께 형성된 문화 정체성은 그 민족의 생활양식 깊은 곳에 뿌리박혀 있고, 이를 통해 그 민족의 멋과 흥 또는 살아온 방식을 공유하고 맛볼 수 있다.

예부터 광활한 대지를 누비며 다양한 민족이 서로 대립과 화합을 반복한 투르크 민족들이 투르크 국가들의 결속이라는 기치 아래 뭉쳤다. 그들의 전통놀이, 즉 유목민들의 놀이를 통해 전 세계로 그 존재를 알리고자 하는 신호탄을 터뜨린 것이다. 2014년, 2016년 그리고 2018년 키르기스스탄에서 개최된 세계유목민놀이대회가 바로 그 시발점이다. 키르기스스탄의 천혜의 자연을 자랑하는 이식쿨(Issyk Kul)호수에서 2014년 9월 9일부터 14일까지 6일간 제1회 세계유목민놀이대회가 열렸다. '세계대회'라는 명성에 걸맞을 만큼 많은 나라가 참가하지는 않았지만 키르기스스탄을, 더 나아가 '투르크'의 의미를 전 세계에 알릴 수 있는 의미 있는 시도였다고 평가되고 있다.

2016년에 열린 제2회 세계유목민놀이대회는 당초 계획에 따르면 터키에서 열릴 예정이었다. 하지만 2014년 제1회 세계유목민놀이대회 초대 개최국인 키르기스스탄이 대대적인 흥행과 함께 개최국으로서 능력을 입증받았고, 그 성공에 힘입어 제2회 세계유목민놀이대회 역시 키르기스스탄에서 개최하기로 결정되었다. 이러한 성공적인 개최의 배경에는 키르기스스탄 당시 대통령 아탐바예브(Atambayev)의 지대한 관심이 있었다. 아탐바예브는 2016년 1월 1일 신년인사에서 2016년을 '역사와 문화의 해'로 지정했고, 그에 걸맞은 다양한 행사를 주관 및 지시하면서 그 어느 때보다 키르기스스탄의 문화와 역사를 알리는 데 주력했다. 더욱이 독립 25주년을 맞이하여 민족의식의 단합과 애국심 고취를 위한 다양한 축제를 선보였다.

제2회 세계유목민놀이대회 공연무대

제1회
세계유목민놀이대회
엠블럼

제1회
세계유목민놀이대회 엠블럼

제1회
세계유목민놀이대회
엠블럼

2016년 9월 3일, 이식쿨에서 6일간의 일정으로 제1회 세계유목민놀이대회의 약 3배가 넘는 62개 국가의 참가로 제2회 세계유목민놀이대회가 대통령의 개회선언과 함께 시작되었다. 세계유목민놀이대회를 위해 지어진 경마장에서 키르기스스탄의 역사와 문화를 한눈에 볼 수 있는 다양한 공연과 퍼포먼스들이 펼쳐졌다. 약 800명에 가까운 젊은이들이 4월부터 시작한 청년자원봉사자 모집으로 선발되었다. 자원봉사자들은 세계 각국에서 모인 선수와 기자단에게 통역 등을 제공하며 제2회 세계유목민놀이대회의 성공적인 개최에 힘을 보탰다. 35개 국가에서 500명에 가까운 기자들이 참석했다는 보도만 봐도 세계적 이목이 집중된 대회임을 알 수 있었다. 한국 선수들도 '활쏘기'와 '토구즈 코르골' 그리고 '망갈라' 종목에 참가했다.

유목민들만의 전통놀이 대회라는 말이 무색할 정도로 각양 각지의 나라에서 참가한 전 세계인들에게 투르크 문화의 이해를 돕는 선구자 역할을 키르기스스탄이 선보인 것이다. 전통놀이의 종류 또한 초대대회와 비교했을 때 3배에 가까운 26가지의 놀이를 준비했다. 유목민들의 전통놀이가 낯선 외국인들에게 흔히 유목민하면 생각나는 말(馬)과 관련된 놀이 이외에도 다양한 놀이가 존재한다는 것을 보여주는 대목이다. 26가지의 다양한 놀이 가운데 경기의 형태로 이루어진 놀이는 23가지이다. 나머지 3가지는 놀이가 어떻게 행해져 왔는지 선보이는 소개로 대신했다. 대표적인 놀이 4가지를 소개해보고자 한다.

## 콕보루 (Kok Boru)

유목민들에게 말은 떼려야 뗄 수 없는 동물이다. 유목민들은 말을 사람의 날개로, 남자들의 용기의 상징으로 여겨 왔다. 이러한 점에서 말을 이용한 놀이는 투르크 민족들을 대표하는 전통놀이인 셈이다. 콕보루(Kok Boru) 경기가 그 대표적인 예라고 할 수 있다. 콕보루는 파란 늑대를 뜻하는 투르크어로 경기는 각각 열일곱 명으로 구성된 두 개의 팀이 참가하여 진행된다. 하나의 팀은 열두 명의 선수, 한 명의 감독, 한 명의 코치, 세 명의 경기마(馬) 관리인으로 구성한다. 주최되는 경기의 성격에 따라 나이의 제한이 달라지는데, 지난 대회에서는 '18세 이상의 선수만 참가할 수 있다'는 나이 제한을 두었다. 예전에는 경기의 공으로 머리를 자른 늑대나 새끼 염소, 송아지의 몸통을 사용했지만 현재는 머리를 자른 양(羊)의 사용이 보편화되었다. 득점은 말을 이용해 머리를 자른 양을 흙과 돌로 만든 골대에 넣어 1점을 얻게 된다.

콕보루 경기 장면

## 트이은 엠메이 (Tyiyn Engmey)

트이은 엠메이(Tyiyn Engmey)는 키르기스스탄의 말과 관련된 가장 어려운 경기로 꼽힌다. 트이은 엠메이는 키르기스어로 '동전을 줍다'라는 뜻이다. 땅에 있는 빨간색 또는 파란색 천으로 묶은 동전을 약 1km 떨어진 곳에서 말을 타고 달려오며 줍는 경기이다. 경기가 어려운 만큼 규칙에 따라 한 선수당 세 번에서 다섯 번 정도의 기회를 제공한다. 경기의 승패를 결정하는 요인은 동전을 줍는 횟수뿐만 아니라 이외에 말을 타고 달리는 속도, 말을 타는 자세 등도 점수에 중요한 영향을 미친다. 트이은 엠메이는 축제나 명절 때마다 매번 빠지지 않고 등장하는 놀이 중 하나이다. 대회에서는 공식 경기의 형식이 아닌 민속놀이의 한 종류로 개막식에서 시범을 선보였다.

한국의 제주도에서도 이와 같은 민속놀이가 전해져 내려오고 있다. 말을 타고 달리면서 바닥에 놓인 헝겊, 화살, 접시 등을 집어 올리는 놀이로 '말 타고 달리면서 물건 주워 올리기'라고 알려져 있다. 말을 얼마만큼 자유자재로 능숙하게 다루느냐에 목적을 두고 있는 놀이라고 할 수 있다. 주로 마을에서 청소년들이 행했던 놀이로 알려져 있다.

트이은 엠메이 시범 장면

## 크즈 쿠마이 (Kyz Kumay)

크즈 쿠마이(Kyz Kumay)는 키르기스 국민들 사이에서 말을 이용한 가장 재미있는 놀이로 꼽힌다. 키르기스어 자체의 의미로는 '여성을 성가시게 하다 또는 쫓다'라는 뜻이지만, 놀이에서는 여성에게 구애하는 남성의 모습을 보여주는 의미로 행해진다. 15세 이상의 남자와 여자가 전통 의상을 입고 말을 타고 달리면서 놀이가 시작된다. 여성이 먼저 말을 타고 달리고 남성은 20~25m 뒤에서 여성을 쫓다가 여성에게 도달했을 때 입맞춤을 해야 한다. 만약 남성이 여성에게 입맞춤하지 못하면 출발점으로 되돌아오는 길에 여성이 남성이 탄 말에게 채찍질을 한다. 마을 사람들은 놀이의 성공 여부에 따라 남자들의 남성성을 평가하기도 한다. 크즈 쿠마이는 말을 빠르게 잘 타는 것도 중요하지만 말을 타면서 얼마나 민첩하게 행동하는지가 놀이의 성공을 좌우한다. 대회에서 공식 경기의 형식이 아닌 유목민들의 놀이를 소개하는 형식으로 외국인들에게 즐거움을 주었다.

크즈 쿠마이 놀이

## 쿠레쉬 (Kuresh)

한국의 씨름과 비슷한 쿠레쉬(Kuresh) 경기는 키르기스스탄뿐만 아니라 투르크민족들이 모두 즐기는 대중적인 경기이다. 쿠레쉬는 국가별로 한 팀을 이루어서 출전하는데 한 명의 코치와 일곱 명의 선수로 이루어진다. 일곱 명의 선수는 각자 나누어진 체급에 따라 경기에 출전하게 된다. 쿠레쉬 선수들도 씨름의 샅바처럼 허리띠를 매는데 벨보(bel boo)라고 칭한다. 씨름에서는 샅바를 허리와 허벅지에 매는 것과 달리 벨보는 허리에만 매고 경기를 진행한다. 4분 동안 진행하는 쿠레쉬 경기는 씨름과 대부분의 기술이 비슷하다.

쿠레쉬는 투르크민족들이 대중적으로 즐기는 놀이인 만큼 국가별로 쿠레쉬의 경기 방식이나 규칙이 다르다. 그렇기 때문에 대회에서는 각 국가에 맞는 쿠레쉬 경기를 만들어 총 일곱 가지 쿠레쉬 경기에 참가할 수 있게 구성했다. 쿠레쉬는 콕보루와 함께 키르기스 국민들에게 가장 사랑받는 놀이이다.

2018년 제3회 세계유목민대회에서는 한국의 씨름과 양궁이 공식경기 종목으로 채택되어 우리나라 선수들과 함께 외국 선수들이 경기를 펼쳤다.

제2회 세계유목민놀이대회 쿠레쉬 경기 장면

세계유목민놀이대회는 경기장을 두 군데로 나누어 운영되었다. 한 곳은 개막식이 열린 경마장이었고 다른 한 곳은 '크르츤'이라고 불리는 자일로(Jailoo)이다. 유목민의 대표적 유목 생활양식을 볼 수 있는 자일로(Jailoo)에서 대회를 진행하며 전통놀이 뿐만 아니라 유목민들의 문화를 체험하고 직접 눈으로 볼 수 있는 일석삼조의 효과를 누렸다. '크르츤'은 자일로(여름 방목지)라는 장소의 특색에 맞게 전통적인 요소들을 가미한 프로그램들을 운영하며 유목민 문화 전시관으로 자리매김했다. 대표적으로 전통가옥인 유르타 빨리 짓기 및 꾸미기 경기 종목에 참여하기 위해 키르기스스탄의 7개 주에서 모인 33개의 팀이 열띤 경쟁을 펼쳤다. 그 결과 각 부족 및 지역의 특색에 맞게 꾸며진 288개의 유르타가 만들어졌으며 관람객들이 유목민의 생활양식을 이해하는 데 도움을 주었다. 7개 주에서 모인 대표들은 수공예품, 전통의상, 전통음식, 해당 지역의 역사 알리기 등 주로 유목민 대회를 소개하기 위해 마련된 다양한 종목에서 갈고닦은 솜씨를 뽐냈다.

제2회 세계유목민놀이대회 개회식에서 한국 선수단이 입장하고 있다.

문화공연에서 전주소리팀이 우리의 가락을 들려주고 있다.

전통놀이들 외에도 한국, 인도, 일본, 러시아 등 세계 각국에서 온 악기 연주자들과 가수들이 참석해 더욱더 깊은 문화축제의 멋을 선보였다. 특히 한국에서는 전주세계소리축제팀이 참가해 우리나라 고유의 민요와 대금, 가야금 등을 연주하며 한류로 익히 알려져 있는 한국을 더욱 깊이 있게 알리는 데 일조했다.

크르츤 자일로에 키르기스스탄 각지에서 올라 온 지역대표들이 만들어 놓은 유르타

현 키르기스스탄 대통령 소론바이 젠베코브(Sooronbay Jeenbekov) 당시 총리가 폐막식을 선언하며 제2회 세계유목민놀이대회는 막을 내렸다. 독립국가연합(CIS) 회원국 수장들 또한 키르기스스탄의 성공적인 제2회 세계유목민놀이대회의 폐막을 기념

하며 축하 인사를 전했다.

특히 이날 키르기스스탄 대통령 대변인은 2년 간격으로 열리는 세계유목민놀이대회는 앞으로 키르기스스탄에서만 개최될 것을 선포했다. 이는 두 번에 걸친 키르기스스탄의 성공적인 대회 개최를 높게 평가한 각 국가의 정상들이 합의한 내용이라고 밝혔다. 그러나 2018년 제3회 세계유목민대회를 끝으로 키르기스스탄은 더 이상 유목민대회를 개최하지 않을 것이라고 밝혔으며 다음 개최지로 터키를 지목했다. 여기에는 다양한 해석들이 오가는데 현지 언론에서는 터키의 강력한 대회 개최 희망 의지에 따른 결정, 키르기스스탄의 재정 상태 악화에 따른 차후 대회 개최의 불투명성, 정치적인 이해관계 등을 이유로 들었다. 키르기스스탄의 고유 브랜드로 자리매김할 수 있는 기회를 놓친 것에 대해 키르기스 국민 역시 아쉬움을 토로하고 있다.

폐막식에는 러시아와 프랑스 등에서 온 외국인 가수들이 축하 공연을 하며 자리를 빛냈다. 주최 측은 세계대회라는 이름에 걸맞게 키르기스 전통공연보다는 외국 가수들을 많이 초청했다고 했지만, 62개국에서 참가한 세계 각국 1,000명의 선수들, 35개국에서 온 500명 가까운 외신기자들에게 키르기스스탄을 알릴 수 있었던 더할 나위 없는 기회와 자리에 외국인 공연 보다는 키르기스

고유문화 공연에 초점을 맞추었으면 하는 아쉬움이 남았다.

2018년 제3회 세계유목민놀이대회가 개최되었다. 대회를 위해 전통놀이 학자들이 모여 학회를 여는 등 역사적으로 입증된 유목민 놀이를 선보이기 위해 다양한 시도들을 보였다. 주최 관계자는 제3회 세계유목민놀이대회는 지난 대회 때보다 증가한 37개의 경기 종목과 다양한 볼거리, 전통 수공예품 시장, 전통의상 국제패션쇼, 각 국가에서 초청된 예술인들의 문화공연 등을 선보였다고 전했다. 당시 문화공연팀 및 선수단을 포함해 80개 이상 국가에 초청장을 보냈으며, 3,000명 이상의 선수단이 키르기스스탄을 방문했다고 한다.

세계유목민놀이대회가 우리에게 친숙하게 다가오고 관심이 가는 이유는 어쩌면 먼 옛날 서로의 문화를 공유하고 다름을 이해하며 살아온 선조들의 유산이 있기 때문이 아닐까? 위에서 언급했듯이, 키르기스의 쿠레쉬는 우리나라의 씨름과 무척이나 닮아있고, 말을 이용한 전통놀이들 역시 예부터 말을 능숙히 다루었던 우리 민족, 특히 고구려인들의 놀이와 비교해보면 투르크민족의 전통놀이들이 낯설지 않다는 것을 알 수 있다. 외적으로부터 보호하기 위한 군사훈련, 먹고 살기 위한 사냥 연습, 풍작을 기원하는 주술적 행위 등 모든 민족의 전통놀이 기원은 사람들의 풍족한 삶에 대한 염원으로부터 시작되었다.

2018년 대한민국에서는 평창동계올림픽이 개최되었다. 올림픽이라는 창구를 통해 전 세계인들이 한국의 문화를 접할 수 있듯이, 세계유목민놀이대회는 투르크 민족들의 문화와 생활상을 접할 수 있는 대표적인 통로라고 할 수 있다. 비단 문화의 이해에서 그치는 것이 아닌, 문화의 이해와 교류를 통해 성공적인 외교 관계 형성의 초석을 마련할 수 있는 것이다.

안완국 (키르기스-터키 마나스대학 박사과정)

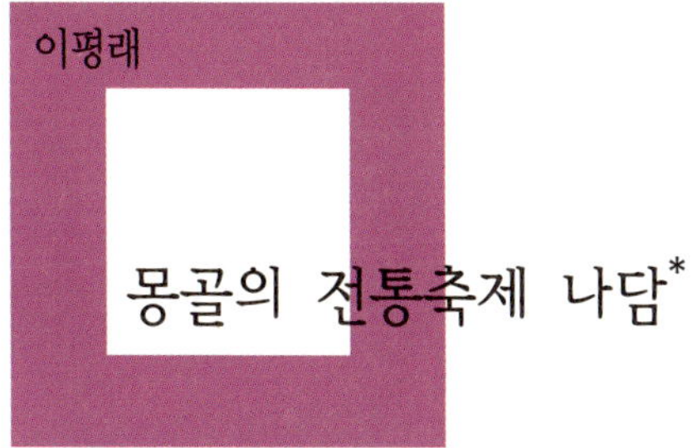

이평래

# 몽골의 전통축제 나담*

몽골의 전통축제는 나담(Naadam)이다. 나담은 몽골어로 놀이 또는 경기를 뜻한다. 말 그대로 나담에서는 말 경주, 활쏘기, 씨름 등 세 가지 놀이(경기)가 벌어진다. 이를 '에링 고르왕 나담'(Eriin gurvan naadam, 남자의 3종 경기)이라 한다. 현재는 씨름만 빼고 두 종목에 여자도 참가한다. 따라서 에링 고르왕 나담은 틀린 말이다. 그러나 이는 어디까지나 오늘의 상황일 뿐 나담은 본래 남

---

* 이 글은 국립극장에서 발행하는 <미르>(2019년 7월, Vol. 354)에 실린 것을 일부 수정 보완한 것임.

자들이 힘과 기예를 겨루는 놀이로 시작되었다. 그래서 지금도 나담하면 에링 고르왕 나담이라 한다.

나담 식전 행사 ©이평래

나담은 몽골인들의 삶과 생업 및 문화와 밀접한 관련이 있다. 우선 말[馬]은 몽골인들의 삶과 가장 밀착되어 있는 가축이다. 몽골인들에게 말이 없는 삶은 생각할 수가 없다. 말이 없다면 다른 가축을 통제할 수가 없어 사계절 거처를 이동하는 유목 목축이 불가능하다. 또한 말이 없이는 너른 초원 여기저기에 흩어져 사는 유목 생활을 영위하기가 힘들다. 이 점은 1000년 전이나 100년

전이나 지금이나 마찬가지다. 오죽했으면 "말이 없는 몽골인은 날개 없는 독수리"라는 속담이 생겨났겠는가? 그 때문이겠지만 말은 시와 소설 등 문학작품뿐 아니라 음악과 미술 등 예술의 단골 주제로 등장한다. 당연히 몽골인들은 좋은 말에 대한 욕망도 남달랐고 자기 말에 대한 자랑도 대단했다. 그래서 어떤 이는 서로 자기 말이 잘 달린다고 우겨대는 두 사람 사이의 논쟁을 해결하기 위하여 말 경주가 시작되었다고 말하기도 한다. 길고 짧은 것을 판별하기 위하여 대보는 과정에서 나담의 말 경주가 시작되었다는 것이다. 사실 여부야 확인할 수 없지만, 어떻든 이러한 정서 속에서 말 경주가 하나의 시합으로 정착된 것만은 사실일 것이다.

활 역시 전통시대 몽골인들의 삶에서 빼놓을 수 없는 도구다. 즉 활은 보조 생업인 사냥도구이자 외적을 막고 대외원정을 승리로 이끈 가장 중요한 무기다. 흔히 "몽골인들은 기마(騎馬)와 궁시(弓矢)로 세계를 제패했다"고 한다. 말 그리고 활과 화살로 세계를 정복했다는 뜻이다. 과장이지만 활과 화살이 몽골 역사에서 어떤 기능을 했는가를 증언해주는 말이다. 그래서 그런지 몽골 구전설화에는 활을 잘 쏘는 명사수 이야기가 유별나게 많다. 그중 돋보이는 것이 '에르히 메르겐'(Erkhii mergen) 이야기다. 에르히 메르겐은 '엄지손가락에 힘이 있는 명사수'라는 뜻이다. 그는 보이는 것이면 무엇이든 맞추는 천하제일의 명사수였다. 심지어 하늘에 있는 해까지 맞추어 떨어뜨린 신궁(神弓)이었다. 명사수 이야기는 몽골족의 조상 설화에도 등장한다. 몽골 역사서 『몽골비사』 첫 부분에는 칭기즈칸 조상의 계보가 나온다. 그 설화에 따르면 최초의 몽골인은 하늘이 점지한 잿빛 푸른 이리와 흰 암사슴 사이에서 태어난 '바타치칸'이라는 사람이다. 그의 손자인 '코리차르 메르겐'에서 '보르지기다이 메르겐', '도본 메르겐' 등 줄줄이 명사수 이름이 나온다. 구전설화나 조상설화 메르겐 이야기는 모두 몽골인의 삶 속에서 활이 차지하는 비중을 말해준다. 몽골 그림 속의 전사(戰士)들은 언제나 말을 타고 활과 화살 통을 어깨에 메고 있다. 사냥 갈 때도 그렇고 싸우러 갈 때도 그 모양새다. 그중 출중한 사람이 메르겐으로 불렸고 그는 선의 상징으로 인식되었다. 활쏘기 대회는 메르겐이 되기 위한 다툼이다. 이것이 오늘날 나담으로 정착된 것이다.

나담장의 몽골 씨름꾼 ©이평래

씨름은 전통적으로 남자의 3종 경기의 정수이자 남자의 힘과 능력과 위세를 만인에게 과시하는 경기로 여겨졌다. 말 경주와 활쏘기는 거를 수 있어도 어느 나담에서든 씨름만은 반드시 열린다. 나담에서 씨름 경기가 맨 먼저 열리는 것도 씨름이 차지하는 중요성 때문이다. 몽골의 거친 대지와 혹독한 자연환경은 그 자체로서 커다란 시련이다. 여기서는 강인한 정신력과 힘이 있는 사람만이 살아남을 수 있었다. 살아남기 위한 사냥과 전쟁에서도 무엇보다도 강인한 체력이 요구되었다. 그래서 유목민들은 기회가 있을 때마다 씨름 시합을 벌여 평소에 닦은 실력을 겨루고 시험했다. 몽골 서사시에는 "수낙타 가죽으로 만든 조독(Zodog, 씨름복 상의),

수소 가죽으로 만든 쇼닥(Shuudag, 씨름복 하의)"이라는 말이 나온다. 이는 곧 씨름선수들이 수낙타 가죽으로 만든 조닥과 수소 가죽으로 만든 쇼닥을 입었다는 것을 증언한다. 숫수타와 수소의 힘이 자신에게 전이되기를 바라는 주술적 의미에서 그랬을 것이다. 이런 점에서 씨름도 살아가는 데 필요한 힘을 기르고 기술을 연마하는 과정에서 현재와 같이 놀이문화로 정착되었다고 할 수 있다.

이처럼 나담은 몽골인들의 삶의 과정이 여과 없이 반영된 놀이문화다. 그런 이유로 나담에서 벌어지는 경기와 거기에 나타나는 여러 가지 행위 속에는 몽골인들의 민속과 신앙 의식이 응축되어 있다. 옛이야기 속에 나타나는 선과 악의 싸움도 마지막에는 남자의 3종 경기 또는 그중 어느 하나를 통하여 해결을 본다. 예컨대 몽골 옛이야기에 나오는 하늘로 올라가 북두칠성이 된 착한 형제들이 '샤즈가이 칸'(Shaazgai khaan, 까치 대왕)이라는 사악한 왕의 부하들과 대결할 때도 활쏘기와 씨름으로 승부를 내고, 또 다른 북두칠성 이야기에 나오는 '알하이 메르겐'(Alkhai mergen)과 '고낭 사르'(Gunan shar) 형제가 망가스 대왕이라는 악마와 싸울 때도 3종 경기가 등장한다. 이런 점에서 나담은 몽골 유목민들이 이룩한 물질문화와 정신문화의 종합적 결과물이라 할 수 있고, 나담이 지금까지 몽골인들의 가장 큰 축제로 계승되고 있는 이유도 이 때문일 것이다.

나담의 말 경주 ©이평래

몽골인들은 어디에 있든 나담을 기억하고 여름이 오면 어떤 식으로든 나담을 즐긴다. 몽골족의 영원한 고향 몽골국(속칭 외몽골)은 물론, 중국의 네이멍구자치구(속칭 내몽골)와 바이칼 호 주변의 부랴트공화국 등 몽골족이 사는 곳이면 어디서나 나담이 열린다. 외국에 있는 사람도 나담을 지내기 위하여 귀국하고 도시에 사는 자식들은 나담에 맞추어 고향을 찾는다. 심지어 남의 나라 땅에서도 나담을 즐긴다. 돈벌이를 위하여 한국에서 일하는 몽골 사람들

(2018년 말 현재 약 46,000명)도 사회단체의 주선으로 해마다 나담을 즐기고, 유럽 심지어 오스트레일리아에 거주하는 몽골족 역시 현지에서 나담을 개최한다. 이들은 나담을 통하여 보고픈 고향 산천을 생각하고, 자신이 어쩔 수 없는 몽골인임을 다시 한번 확인하고, 현대 문명의 그림자에 억눌려 사라져 가는 옛 전통을 이어가고 있다.

나담은 전국적으로, 그리고 보통 유제품이 풍부한 여름철에 열린다. 몽골국의 경우 7월 11~13일 전국적으로 동시에 열린다. 물론 같은 몽골국 내에서도 지방에 따라 다른 시기에 열리는 경우도 있다. 나담은 말 그대로 먹고 마시고 노는 축제다. 겨울의 명절인 차강 사르(Tsaggan sar, 몽골력 정월 초하루)가 정적이라고 한다면 나담은 동적이고 활력이 넘친다. 무엇보다 기후가 좋아 사람들을 움직이게 만든다. 겨울이 길고 추운 몽골에서 6, 7, 8월은 그야말로 황금 계절이다. 햇볕은 뜨겁지만, 모자만 쓰면 금방 서늘해진다. 여름은 또한 대자연의 선물인 유제품이 풍부한 계절이다. 유목민은 유목민대로 행복하고 도시민은 도시민대로 행복한 시기가 바로 이때다. 겨우 내내 외지 사람들의 발길이 끊긴 유목민 게르(Ger, 전통 가옥)에 낯선 관광객이 찾아오는 것도 여름이다. 산 좋고 물 좋은 곳이면 영락없이 외국인이 찾아온다. 관광회사와 상인들도 여름이면 바쁘다. 이래저래 행복한 시절의 가운데 달(7월) 중순에 나담이 열린다.

나담은 오랜 역사 과정에서 변화 발전하여 현재의 모습을 갖추게 되었다. 3종 경기가 벌어지는 에링 고르왕 나담은 물론이고 여자까지 참여하는 현재의 나담도 역사의 산물이다. 사마천의 『사기』 에는 오늘날 몽골 땅에서 최초로 국가를 세운(B.C. 3C) 흉노에 관한 기록이 많다. 그 가운데는 흉노의 제천행사에 관한 것도 있다. 흉노는 "가을이 되어 말이 살찌면 나무를 돌며 제사를 지내고 사람과 가축을 헤아렸으며", "정월, 5월, 9월 무일에 하늘에 제사 지내고 국사를 논의한 후 말 경주와 낙타 경주를 즐겼다"는 기록이 있다. 후자의 말 경주는 오늘날 나담 종목의 하나다. 몽골학자들은 이를 근거로 나담의 기원을 흉노의 제천행사 후 거행된 제전에서 찾고 있다. 이와 유사한 내용은 흉노 이후 거의 모든 유목민들 사이에서도 확인된다. 흉노를 이어 몽골초원을 지배한 선비를 비롯하여 돌궐(A.D. 6~8C)이나 거란족도 제사나 황자 출생, 황후 책봉, 황제의 생일 등 경축일에 활쏘기나 말달리기 또는 씨름을 즐겼다. 이러한 전통은 1206년 몽골초원을 통합하고 몽골제국을 창건한 몽골족까지 이어진다.

이른바 '칭기즈칸 비석'이라는 석각 비문이 이를 말해준다. 현재 가장 오래된 몽골문 자료로 알려진 이 비석에는 "칭기즈칸이 사르타굴 백성을 항복시키고 부카-소치가이에 모든 몽골 왕공들이 모였을 때 에숭게가 335알다(약 536m)를 쐈다"는 내용이 담겨 있다. 사르타울은 중앙아시아의 호레즘으로 오늘날 우즈베키스탄 부근이다. 따라서 비문은 칭기즈칸이 호레즘 원정(1219~1225년)을 끝내고 열린 활쏘기 대회에서 에숭게가 약 536m를 쐈다는 사실을 전해준다. 몽골 연구자들은 이를 기록에 나타난 최초의 대규모 나담으로 보고 있다. 전쟁을 끝내고 이를 기념하여 나담이 열렸는데, 활쏘기 대회에서 에숭게가 우승 내지는 좋은 성적을 거두었다는 것이다. 자료가 없어서 이때 다른 경기가 열렸는지 알 수는 없다. 그러나 나담은 기본적으로 흉노에서 몽골제국에 이르는 이러한 놀이문화 전통을 계승한 축제인 것만은 분명하다.

물론 나담의 날짜가 7월 11~13일로 고정되고 현재의 모습을 갖춘 것은 1921년 혁명 이후다. 특히 사회주의에서 자본주의로 체제가 바뀐 1990년대 이후의 나담은 혁명적 색채를 벗고 민주화된 사회에서 몽골인들을 하나로 묶고 전통을 확인하는 순수 국민 축제로 자리 잡기 시작했다. 시민들의 자발적인 행진이 군사 퍼레이드를 대신하고 나담장 앞에 칭기즈칸의 '톡 숄드'(Tug suld, 군기)가 세워진 것도 그 한 사례라 할 수 있다. 이와 함께 몽골국 나담은 해외에 있는 몽골인, 네이멍구자치구의 몽골인, 바이칼 호 주변의 몽골인을 비롯한 전 세계 몽골족이 몽골족의 정체성을 확인하는 상징적 축제로 자리 잡아가고 있다.

이평래 (한국외국어대학교 중앙아시아연구소 연구교수)

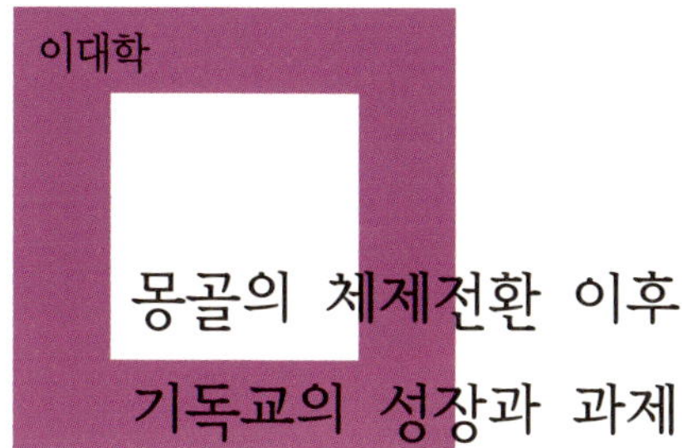

이대학

# 몽골의 체제전환 이후 기독교의 성장과 과제

1921년 데. 수흐바타르(D. Sukhbaatar)가 러시아 백군의 도움을 받아 인민혁명을 성공함으로써 몽골은 250년 이상 계속된 청나라의 압제에서 벗어나 독립국으로서 위상을 되찾았다. 그 후 1990년대 초반 평화적으로 민주화 혁명이 성공하기까지 약 70년 가까이 몽골은 공산, 사회주의 체제의 공산당 일당 지배의 국가로 존속되었다. 1990년대 초반 몽골의 민주주의, 시장경제체제로의 체제 전환을 통해 몽골 국민들은 구체제에서는 경험할 수 없었던 수많은 자유와 인권, 평등과 선택의 특권을 가지게 되었다. 특히 몽골 국민들은 체제 전환의 결과로 종교와 신앙, 집회와 결사에 대한 자유를 마음껏 누리게 되었다.

1990년 말 전 세계의 기독교 상황을 보여주는 "세계기도정보"에서 몽골은 단 한 개의 교회도 없고, 단 한 명의 기독교인도 없는 국가로 보고가 되었다. 그러나 체제 전환 30주년이 멀지 않은 현재 몽골에는 약 700개 교회가 세워졌고, 전 국민의 2%가 넘은 약 70,000~80,000명 정도의 기독교인이 있는 것으로 보고되고 있다. 30년 만에 몽골의 기독교가 70,000배 이상 폭발적으로 성장한 것이다. 21세기 초반 몽골에서 일어난 기독교의 부흥을 마루꾸 제링(Marku Tsering)은 "몽골에서 일어난 기적"이라고 부르고 있다.

본고는 1990년 민주화 혁명 이후 현재까지 30년 동안의 몽골의 기독교 확장에 대해서 살펴보고, 몽골의 기독교가 현재 당면한 과제에 대해서 고찰하는 것을 목적으로 연구가 되었다. 체제 전환 이후의 몽골 기독교의 현황과 과제를 살펴보기 위하여 객관적이고 정확한 정보를 얻기 위해 현재까지 출판된 책과 자료들, 그리고 몽골 통계청의 자료 등을 이용하고, 몽골 지도자들과 인터뷰를 하였다. 먼저 몽골의 기독교 현황을 몽골 기독교의 역사, 몽골 기독교의 주요 분야별 상황, 몽골의 교회와 기독교인 숫자로 구분하여서 살펴본다.

## 몽골 기독교의 역사

몽골의 기독교는 1,300년이 넘는 역사를 가지고 있다. 김호동, 르네 그루쎄 등 다수의 학자들은 역사 유물과 자료들에 근거하여 중앙아시아 몽골 초원에 기독교가 최초로 들어온 것을 A.D, 7세기 초반으로 보고 있다. 그 이후로부터 현재까지의 몽골 기독교 선교 역사를 다음과 같이 4시기로 구분하여 간략하게 정리하면 다음 표와 같다.

| 시기 | 중요한 기독교 역사 |
| --- | --- |
| 경교의 몽골전파 7~12세기 | - 7세기 초반 중국과 몽골 초원에 경교(네스토리우스파 기독교)가 전파됨<br>- 그 이후 몽골 초원의 부족들 가운데 나이만, 케레이트, 옹구트 등의 부족들이 경교를 믿음 |
| 몽골제국 시대의 몽골 선교 13~18세기 | - 13세기 초반부터 칭기즈칸과 후대 몽골제국의 종교관용 정책으로 종교의 자유가 보장되고, 기독교의 영향력이 존재<br>- 로마 교황이 보낸 플라노 카르피니(1246년), 프랑스 국왕이 보낸 윌리암 루브룩(1253년)이 몽골을 방문해서 활동을 벌임<br>- 당시 몽골제국 수도에는 12개의 불교 사원, 2개의 모스크, 1개의 기독교회가 존재<br>- 원나라 멸망 후 경교가 소멸하고 1576년부터 티벳 불교화됨 |
| 근대 몽골선교 19세기~1990년 | - 19세기부터 영국 런던선교회, 북유럽 선교사들이 직접 복음을 전하거나, 학교와 병원을 세워 선교하였지만 활동은 미미함<br>- 1924년 몽골이 공산화된 후 선교가 완전 중단됨<br>- 1980년대 영국 선교사 존 기븐슨이 최초로 선교 활동 |
| 현대 몽골선교 1990년~현재 | - 1990년 12월 민주화 혁명의 성공으로 기독교가 새롭게 시작<br>- 신앙과 집회의 자유가 헌법으로 보장됨<br>- 외국 선교사들이 입국하여 활발하게 총체적인 선교 활동 |

출전: 몽골의 간략한 기독교 역사

## 몽골 기독교의 주요 분야별 상황

1990년 이후 현재까지의 몽골의 기독교 상황을 교회 개척, 신학교육, 의료, 교육, 사회개발, 대학생, 성경 번역 및 문서 출판, 비즈니스, 스포츠, 해외 선교 활동 등 10가지 분야로 나누어서 다음 표를 통해 간략하게 살펴보기로 한다.1)

몽골 기독교의 주요 분야별 상황

| 분야 | 주요 상황 |
|---|---|
| 1. 교회 개척 | - 700여 교회, 70,000~80,000명의 기독교인이 있다.<br>- 복음화율은 약 2% 이상으로 추산할 수 있다.<br>- 수도 울란바타르와 21개 도(道)청 소재지에 교회가 세워졌다.<br>- 360여 명의 공인된 목회자가 있다. |
| 2. 신학 교육 | - 1995년 초교파 신학교인 연합신학교가 세워졌다.<br>- 그 이후 하나님의 성회, 오순절, 침례교, 장로교, 감리교 등의 신학교가 세워졌다.<br>- 현재 정규, 비정규 과정 신학교가 10여 곳이 있다.<br>- 지방에는 다르항, 남고비, 홉드 등에 성경학교가 있다. |
| 3. 의료 | - 병원 설립, 몽골 의료인들을 위한 사역, 빈민층을 위한 긍휼 의료 사역, 지역 보건 개발 사역 등이 이루어지고 있다. |
| 4. 교육 | - 1993년부터 대학교 설립, 각종 학교 설립 등의 사역이 활발하게 이루어지고 있다.<br>- 1998년 울란바타르 선교사자녀학교가 설립이 되어 현재까지 운영되고 있다. |
| 5. 사회 개발 | - 1990년 민주화 이후 월드비전, 국제기아대책기구, JCS, 루터란 미션 등에서 활발한 활동을 펼치고 있다. |

1) 이 표는 상기 자료, p.50~100 를 기초로 요약하여 작성을 하였다.

| | |
|---|---|
| 6. 대학생 | - 국제대학생선교회(CCC)가 예수 영화 상영, 대학생 사역, 청소년 사역 등 다방면에서 가장 적극적으로 활동하고 있다.<br>- UBF, IVF, SFC 등의 단체들도 선교 초창기부터 활동하고 있다. |
| 7. 성경 번역 출판 사역 | - 2000년 여름 신구약 성경이 완역되어 출판되었다.<br>- 몽골연합성서공회가 성경 개역, 출판을 하고 있다.<br>- 몽골찬송가공회가 조직되어 찬송가가 출판되었다.<br>- 다양한 기독교 서적이 출판, 번역이 되고 있다. |
| 8. 비즈니스 | - 2000년 이후 비즈니스 선교가 본격적으로 이루어지고 있다.<br>- 식당, 카페, 서점, 커피숍, 관광객 캠프 등이 운영되고 있다. |
| 9. 스포츠 | - 선교 초창기 탁구를 통한 선교가 활발히 전개되었다.<br>- 축구, 농구, 배구 등을 통한 선교도 이루어졌다. |
| 10. 해외 선교 | - 러시아, 중국, 이슬람권, N국 등 여러 국가와 민족 가운데 몽골인 선교사들이 사역하고 있다.<br>- 몽골선교운동, 몽골선교협력 등 자생적 선교단체들이 생겨나서 활동하고 있다. |

## 몽골의 교회와 기독교인 숫자

몽골의 체제 전환 이후 현재까지 약 30년 동안 몽골의 기독교의 현황을 가장 잘 알 수 있는 수치는 몽골의 기독교회 숫자와 기독교인 숫자라고 할 수 있다.

### 몽골의 교회 숫자

1990년 이후 현재까지 몽골의 교회 숫자를 살펴보면 다음과 같다. 몽골의 교회 숫자는 몽골의 기독교 자체적으로 조사한 교회 숫자와 몽골 통계청이 매년 발표하는 정부에 등록된 교회 숫자 두 가지로 구분하여 소개한다.

몽골 기독교 자체적으로 조사한 교회의 숫자는 다음 표와 그림과 같다.

몽골의 기독교회 숫자

| 연도 | 1990 | 1996 | 2000 | 2006 | 2011 | 2015 | 2019 |
|---|---|---|---|---|---|---|---|
| 교회 수<br>(단위: 개) | 1 | 59 | 132 | 483 | 600 | 525 | 700 |

몽골의 기독교회 숫자 변화 추세

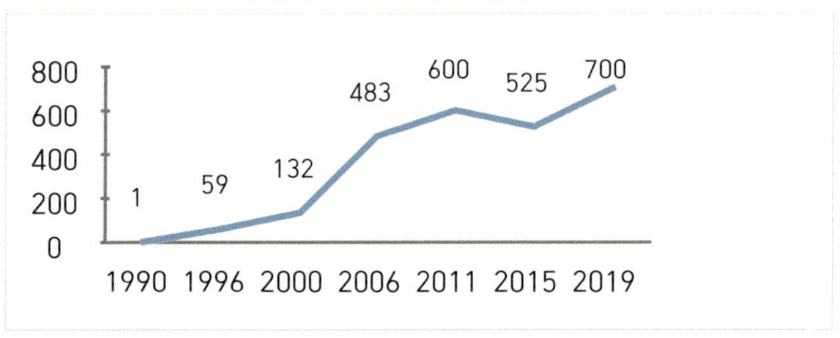


몽골 정부가 공식적으로 발표하는 몽골 기독교회 숫자를 살펴본다.

몽골 정부 발표 기독교회 숫자

| 연도 | 2004 | 2006 | 2008 | 2010 | 2012 | 2014 | 2016 | 2018 |
|---|---|---|---|---|---|---|---|---|
| 교회 수 (단위: 개) | 63 | 85 | 90 | 96 | 157 | 164 | 183 | 196 |

위의 두 자료에 근거하여 평가하면 몽골의 기독교회는 1990년 이후 꾸준히 성장한 것을 알 수 있다. 특별히 2000년부터 2010년까지는 몽골 교회 숫자가 급성장하였으며, 2010년 이후는 교회 숫자의 증가세가 완만한 증가 추세를 보이고 있다. 2010년 이후 몽골 교회의 증가 숫자가 완만한 흐름을 보이는 이유는 외국인 선교사의 비자 목적 외 활동 제한, 몽골 교회가 외국 선교사들이 주도하는 시기에서 몽골 현지인 목회자들이 주도하는 시기로 전환되는 전환기의 현상 등으로 설명할 수 있다. 그리고 전체 몽골 교회의 약 30%가 안 되는 소수의 교회들이 몽골 정부에 등록이 되어 있다.

### 몽골의 기독교인 숫자

몽골의 기독교인 숫자를 몽골 교회가 조사한 바에 따르면 아래 표와 같다.

몽골의 기독교인 숫자

| 연도 | 1990 | 1998 | 2000 | 2006 | 2010 | 2015 | 2019 |
| --- | --- | --- | --- | --- | --- | --- | --- |
| 기독교인수(단위: 명) | 0 | 7440 | 12,373 | 42,836 | 57,848 | 30,199 | 70,000~80,000 |

몽골 통계청에서는 매년 종교별 신자 숫자를 공식적으로 조사해서 발표하지는 않지만 10년마다 진행하는 인구 및 가구 통계조사에서 각 종교별 신자 숫자를 발표하고 있다. 몽골 정부가 발표한 가장 최근의 기독교인 숫자는 2010년에 발표한 것으로 당시 15세 이상 몽골 인구 중에서 40,959명(몽골 전체 인구의 1.55%를 차지)이 기독교인으로 나타났다. 2012년 10월 울란바타르 시 통계국에서 발표한 자료에 따르면 수도 울란바타르의 전체 인구 중 기독교인의 비율은 남자가 2.4%, 여자는 3.7%, 전체 3.0%로 조사되었다.

상기 조사들을 토대로 몽골의 기독교인 숫자를 몽골 전체 인구의 2~3% 정도로 가정을 하면 현재 몽골 기독교인 숫자는 최소 65,000명에서 최대 97,000명 정도로 추산할 수 있다.

앞서 살펴본 것처럼 1990년 체제 전환 이후의 몽골의 기독교는 가히 무에서 유를 창조하는 기적을 이룩하며 급성장하였다. 몽골 기독교의 급성장 이면에는 크고 작은 문제가 존재하며, 무엇보다도 중요한 것은 몽골 기독교가 지난 30년 가까이 외부의 도움을 받아서 급성장하였다는 것이다.

## 정리

이제 결론적으로 몽골 기독교가 해결해야 할 과제를 내부적인 과제, 외부적인 과제로 구분하여서 살펴보기로 한다.

몽골 교회의 내부적인 과제는 몽골 교회와 지도자들이 외부의 도움을 의존하지 않고 스스로의 힘으로 일어서는 것이다. 이를 위해서는 다음과 같은 몇 가지 과제를 시급하게 해결해야 한다.

첫째, 성숙한 몽골 교회의 지도력을 개발하고, 훈련하며, 몽골 목회자들을 전인적으로 돌보는 것이 필요하다.

둘째, 자립, 자치, 자전하는 건강한 토착 몽골 교회로 변화해 나가야 한다.

셋째, 몽골 교회와 지도자들 상호 간에 연합과 협력을 계속 확대해 나가야 한다.

넷째, 몽골 교회가 민족 복음화와 해외 선교에 매진해야 한다.

몽골 교회가 외부적으로 해결해야 할 과제들은 다음과 같은 것이 있다.

첫째, 기독교회의 대 사회적인 영향력을 확대해야 한다.

둘째, 타 종교와의 갈등을 피하고 상호 이해, 협력해야 한다.

셋째, 기독교 이단들의 공격에 잘 대처해야 한다.

넷째, 국제적 기독교 단체들과 연합과 협력을 이루어야 한다.

이제 몽골의 기독교는 과거 급성장의 영광과 감격에 도취되어 있을 것이 아니라 새로운 도약을 꿈꾸어야 할 때이다. 외형보다는 몽골 기독교 지도자 한 사람, 한 사람이 교회와 사회에서 긍정적인 영향력을 발휘하는 사람으로 전인적 성숙을 이루어야 한다. 그리고 몽골 기독교도 이제 스스로의 힘으로 일어서기 위한 아픔과 안내를 감당해내며 새롭게 태어나야 한다. 몽골에서 활동하는 외국 기독교 지도자들도 몽골 교회와 지도자들이 그들 스스로 건강하게 서도록 돕고 격려하면서 자신의 영향력을 서서히 줄여나가야 할 때이다.

몽골의 기독교는 이제 스스로의 힘으로 새롭게 도약해야 하는 시련의 시기에 직면해 있으며, 여기에 몽골 기독교의 미래가 달려 있다고 할 수 있다.

이대학 (한국외국어대학교 터키 · 중앙아시아 · 몽골학과 박사과정)

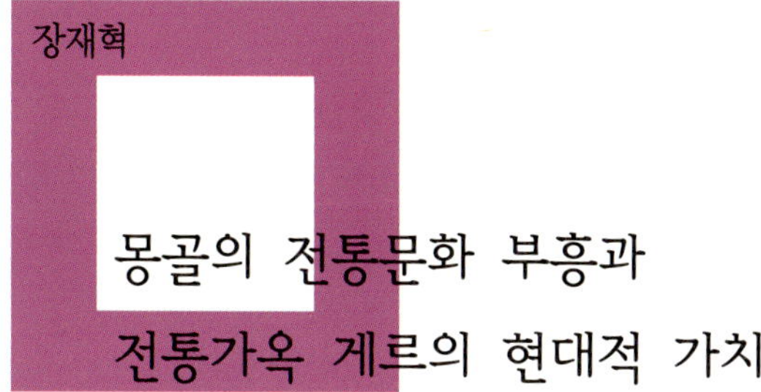

장재혁

# 몽골의 전통문화 부흥과 전통가옥 게르의 현대적 가치

1990년 몽골의 체제 전환 이후 몽골 전통문화 부흥 움직임에 대한 배경으로는 몽골의 근대화로 인한 탈 전통문화 현상에 대한 반발과, 이에 따른 전통문화의 회복을 위한 움직임에 있다. 특히 몽골의 근대 시기, 몽골인민혁명당(MPRP) 지도자들은 몽골을 방문하는 외국인들의 시각에서 글로벌 문화와 동떨어진 몽골의 전통문화적 요소들이 자국에 대한 후진성의 지표로서 고려될 수 있다고 생각하며 전통의 문화유산들을 보존하는 데 있어 거의 관심을 기울이지 않았다. 1959년 몽골에 거주했던 헝가리 대사가 보고한 기록에 의하면 당시 몇몇 몽골인 지도자들이 게르(Гэр)의 내부 덮개를 기존의 몽골 유목민들이 전통적으로 사용한 펠트 재료가 아닌 몽골에서 생산되는 새로운 플라스틱 재료로 만들어야 한다고 주장했던 내용의 자료가 있다.

또한 현대에 들어서는 몽골에 도시화가 광범위하게 진행되고 있으며, 많은 몽골인들은 물리적인 전통요소뿐만 아니라, 정신적인 전통요소들을 포함하여 자연 풍경, 소리, 그리고 조상들부터 이어져 내려왔으며 유목문화 근간에 기저를 이루는 일상적인 목축의 관행으로부터 점차 멀어지고 있다. 그리고 이처럼 몽골인들이 전통적인 이동 유목의 문화적-경제적 방식에서 벗어나고 있는 현상은 몽골의 전통문화유산이 한 세대에서 다음 세대로 전승되는 방식까지도 부정적으로 변화시키고 있다.

하지만 글로벌화가 깊은 단계까지 이루어진 최근의 21세기에, 몽골인들은 전통적인 유목적 관습이 각 개인으로서, 민족 문화를 누리는 시민으로서, 그리고 세계 속 글로벌 시장의 참가자로서 그들 스스로에게 얼마나 중요한지에 대해 다시금 생각해 보는 기회를 제공하고 있다. 몽골인들의 유목적 생활방식은 대지, 동물 등을 포함하는 대자연과 인간이 가까운 관계에 있다는 몽골 유목민의 전통적인 사상에서 나타난다. 이처럼 인간과 자연의 가까운 관계를 보여주는 몽골 전통문화의 요소들로는 마두금(Морин хуур)과 같은 몽골 전통악기와 후미(Хөөмий)와 같은 몽골의 전통적인 창법, 그리고 인간과 자연 그리고 땅과의 가까운 관계를 보여주는 몽골인의 이동식 전통 가옥 게르(Гэр) 등이 있다. 먼저 줄감개 끝에 말머리 장식을 쓴 마두금은 몽골인의 대표적 가축인 말을 음악적 요소와 결합하였다는 점에서 인간과 자연으로서의 동물을 연결하는 전통 문화요소이다. 또한 두 개 이상의 음을 동시에 내는 후미는 자연과 산, 바람, 물, 동물의 소리를 묘사하며 자연과 인간과 인간 영혼의 내면세계를 연결해 준다. 몽골인들은 이러한 자연의 소리를 모방하는 방법을 통해 전통 민속 예술을 만들어 냈다. 그러나 이동할 시기가 다가오면 계절마다 이동하는 몽골인들의 유목 문화를 상징하는 이동식 전통 가옥인 게르는 "인간은 이 세상에서 잠시 머물다가 때가 되면 세상을 떠난다"는 만고불변의 자연적 진리를 내포하고 있다는 점에서 몽골인들의 사상을 직관적으로 가장 잘 보존하고 있는 몽골의 전통 문화유산이다. 이러한 사실은 자연과 우주에 대한 몽골 유목민의 관념이 게르에 잘 집약되어, 어느 전통적인 요소들보다 그들의 사상과 문화를 잘 반영하고 있음을 시사한다.

## 게르란?

몽골의 전통가옥 게르는 유목민들의 생활 방식에 따라 만들어진 주거공간이다. 19세기 말까지 전 세계 100여 민족이 게르를 사용했던 것으로 알려져 있지만 현재 투르크메니스탄, 우즈베키스탄, 타지키스탄, 키르키스스탄 등의 중앙아시아 국가들과 중국, 내몽골, 아프가니스탄 하자라족 등의 일부 몽골계 민족만이 게르에 살고 있다.

목축 생활을 하는 몽골 유목민은 가축을 통한 생계의 유지와 자연이 주는 삶에 적합한 주거문화와 예술을 창조해냈다. 몽골 민족은 예로부터 이동 생활을 하면서 가축을 기르기 위해 어느 한곳에 오래 머무르지 않았다. 이는 유목민들의 생활방식인 만큼 그들의 사는 집도 유목 생활에 알맞게 간단하면서도 실용적인 구조를 가지게 되었다.

게르는 이동 방목을 하는 유목 생활에서 짧은 시간에 짓고 해체할 수 있는 기동성과 이로 인한 편리함을 지녔으며, 구조물들을 정리해도 짐이 많지 않고 쉽게 이동할 수 있는 특징을 지니고 있다. 몽골인의 생활문화와 예술은 목축문화와 게르에서 탄생하였다고 해도 과언이 아니다.  따라서 주거공간이자 신앙과 예술을 탄생시킨 문화공간으로서의 게르는 21세기 몽골 유목민들의 전통문화 보존과 창조적 활용법을 이해하는 데 기본적으로 선행되어야 하는 필수적 요소이다.

## 몽골인들의 자연관 및 우주관과 사회문화적 관습의 결정체로서의 게르

몽골의 게르는 약 3,000년의 역사를 지닌 이동 방목에 적합한 몽골인들의 전통 주거이다. 유목 생활에서 쉽게 구할 수 있는 가벼운 목재와 펠트를 주재료로 제작하며 이동에 적합하도록 조립과 해체의 편리성을 지니고 있다. 또한 바람, 눈, 자연재해에 안정적이어서 자연 친화적이면서도 유목민의 삶에 적합한 기능성을 지니고 있다.

몽골인들이 넓은 초원에서 목축을 위해 적합한 장소로 이동할 방법과 거처를 찾는 방법, 그리고 집터를 선정하여 게르를 제작하는 방식은 세대를 거쳐 축적된 유목 생활의 경험을 토대로 한 전통지식에 의거한다.

게르 제작에는 가장이나 공동체 리더의 주도하에 가족과 공동체가 참여한다. 유목생활 속에서 게르 제작에 참여함으로써 이들은 공동체의 결속을 강화하며, 제작 전후에 행해지는 다양한 전통 지식과 의례를 통해 유목민으로서의 지혜와 경험을 쌓게 된다. 게르의 내부 구조와 이용 방식에도 유목민의 자연과 우주에 대한 이해가 담겨있다. 게르 중앙에 놓이는 난로를 중심으로 가구들을 배치하고 동쪽을 여성의 공간, 서쪽을 남성의 공간으로 활용하며 손님의 자리를 북쪽으로 설정하여 단일 공간 안에 위계질서를 구축하고 있다.

오늘날 몽골 유목민이 무형문화유산으로서 전승해 온 대부분의 관습과 예술 활동이 '게르'라는 핵심공간에서 비롯되었으며, 이곳에서 전승되고 있다는 점은 문화공간으로서의 게르의 중요성을 보여준다. 이른바 단일 공간 내에서 가족이 거주하는 게르 생활에서의 관념적 규칙과 신앙, 손님 접대와 친족을 비롯한 공동체가 참여하는 의례적 행위는 게르를 통해 전승된다고 해도 과언이 아니다. 몽골의 구전 전통도 게르와 이를 중심으로 한 주변 공간에서 세대 간에 전승된다. 이와 같이 게르는 유목민의 거주공간으로서 목축 생활을 위한 핵심공간으로 존재한다.

한편 게르를 중심으로 가축을 키우는 주변의 목초지인 '노탁(нутаг)'은 한 목축을 통해 생산이 이루어지는 영역이자 서사시와 민요를 비롯한 예술과 목축의 지식이 행해지는 게르 밖 공간이다. 게르 밖의 활동 역시 자연과 우주에 대한 관습이 지켜지는 다양한 생산과 의례 행위를 매개로 게르의 내외 공간이 연속성을 가지며 통합된다. 이는 게르의 외형과 내부공간에 대한 이해만으로는 유목민의 주거문화를 이해하는 데 한계가 있음을 의미한다, 이처럼 몽골인의 유목 생활과 전통적 관습을 지속하는데 적합한 주거인 게르는 자연과 우주에 관한 전통지식과 사회문화적 관습이 복합적으로 작용한 결과물이다. 유목을 위한 기능성과 몽골인의 심미적 특성이 복합적으로 구조화된 게르를 통해 유목문화와 유목민에 대한 심층적인 이해의 폭이 넓어진다고 볼 수 있다.

## 게르에 반영된 몽골인들의 우주관과 상징

### 게르에 대한 소우주 관념과 시간

몽골인은 고대부터 태양과 달의 이동을 비롯한 음양(арга билэг)의 법칙을 관찰하면서 연원일, 방향, 시간과 절기를 측정하는 60주기표를 만들어냈다. 달력과도 같은 60주기표는 일상생활에서 다양하게 활용되며, 전통 주거 게르에도 우주에 대한 이해를 반영했다.

몽골 게르는 옆면이 벽(хана)으로 구성되며, 천장의 외주부 구멍에 꽂는 바퀴살 막대기인 오니(унь)와 연결된다. 오니는 대체로 60개인데, 바큇살 막대기가 총 60개로 이루어진 이유는 바큇살 한 개당 1분을 의미하기 때문이다.

이에 유목민은 천장으로 들어오는 햇빛으로 시간을 측정했다. 햇빛이 게르의 토오노(тооно) 가장자리에서 오니, 벽의 상단으로 이동하는 과정에 따라 시간을 측정하는 것이다. 유목민의 시간에 대한 측정은 게르의 구조뿐 아니라 집 뒤쪽의 펠트 카펫, 침상 머리맡으로 이동하는 과정에 따라 시간을 측정한 것이다. 예를 들어 오전에는 해가 벽 쪽에 비치기 때문에 아침에는 벽에 비친 모양을 보고 시간을 확인한다. 오후에는 동북쪽에 깔려 있는 깔개에 비친 햇빛으로 저녁까지의 시간을 확인하는데, 집 뒤쪽에 놓인 카펫의 자수방식에 해가 비추는 것을 보고 시간을 파악하는 전통은 몽골 유목민이 지닌 특수한 전통적 방법이다.

유목민들은 암소 젖 짜는 시간과 양 떼를 풀 뜯길 시간 등을 게르 천장에 들어온 햇빛을 보고 짐작한다. 게르 안에 앉아 있으면서 해와 달이 뜨고 지는 것을 관찰할 수 있으며, 아침과 낮, 저녁 등 천장으로 들어오는 햇빛과 달빛으로 시간을 알 수 있는 것도 게르의 구조적 특성 때문에 가능하다.

한편 몽골인은 게르를 음력 12월로 나누고, 내부를 12개 방향에 따라 12띠로 나누어 부르거나 방향을 가리킨다. 문의 서쪽에 닿는 하나의 끝부분은 푸른색 암컷 양에 해당하고, 네 번째 하나 또는 하나의 마지막 끝부분은 노란색 수컷 원숭이에 해당한다. 나머지 세 개의 하나의 첫 번째 끝부분과 마지막 끝부분은 붉은색 암컷 닭, 검은색 개, 검은색 암컷 돼지, 붉은색 쥐, 붉은색 암컷 소, 흰색 호랑이에 해당한다. 네 개의 하나는 12지신을 세 개씩 묶어주고 있다. 특히 인방 서쪽 끝부분은 푸른색 말의 해, 정확하게 집 뒤쪽으로 떨어지는 기둥은 푸른색 수컷 쥐의 해에 해당한다. 게르의 출입구 반대쪽 부분인 호이모르(хоймор)를 숭배하고 쥐의 공간으로 여긴다.

펠트의 배치는 점성술 표의 9개 지점에 따른다. 사각형 9개 중 가운데 지점은 게르 중앙의 화로 아래에 까는 카펫에 해당하며, 골인 오올 또는 난로 바닥이라고도 불린다. 9개의 사각형이 원을 이룬 형태에 따라 정확하게 3개의 펠트 카펫이 배치된다. 이 카펫은 가족의 힘, 단합, 조화를 상징했으며, 밟아서 파괴할 수 없는 것으로 간주하였다.

펠트 카펫이 만나는 배치는 샤머니즘에서 기원한 우주론적 인식을 반영한다. 각 카펫이 만나는 두 개의 선을 집의 축으로 여겼다. 게르의 북서 방향을 노욘헬트, 십자축을 하탄지그 또는 하탄헬트라고 한다. 이는 왕의 축과 왕비의 축으로 일컫기도 한다. 노욘헬트의 선을 밟거나 북쪽 끝에 앉는 행위는 엄격하게 금지되었다. 특히 카펫의 배치로 만들어지는 십자 모양의 각 끝은 가족 구성원인 어머니, 아버지, 딸과 아들을 뜻하는 상징으로 가족의 사각형(ам бүлийн дөрвөлжин)을 형성한다. 지붕의 연기구멍을 덮는 사각형의 펠트 우르흐(өрх)는 집 안의 보온을 위한 수단에서 기원했으나 상징적 기능을 가진다. 야간에 집 안이 매우 따듯할 때도 집과 평안을 보호하고 수호신을 머무르게 한다는 상징으로 항상 덮어 놓는다. 매일 저녁에 우르흐를 펼쳐 토오노 앞을 덮고 매일 아침 게르 북쪽으로 접어 삼각형 모양으로 놓는다. 그래서 수수께끼에는 "태양 아래에서는 세모, 달 아래에서는 네모"인 것이 우르흐라는 수수께끼도 있다. 따라서 게르는 서쪽을 향하므로 우르흐는 아침에는 북쪽으로 열리고 저녁에는 서쪽으로 닫힌다.

이와 함께 환기구는 집의 가장 위쪽에 있는 것으로 하늘과 가장 가까이 있는 집의 하늘로 생각하기 때문에 환기구나 그 덮개 위를 걷거나 앉는 등의 행위를 삼간다. 예로부터 환기구를 푸른 하늘인 대우주와 소우주인 인간이 소통하는 매개체로 간주해 왔기 때문이다.

요컨대 둥근 천막인 게르는 유목민에게 하늘이며 소우주이다. 몽골의 게르는 유목민들이 세상을 보는 시각과 존재의 기원을 보여주는 건축물이다. 사람과 자연이 어떻게 어울려 살 수 있는지를 게르에 잘 반영하고 있다.

### 게르 내부공간과 장식의 상징성

게르의 벽과 기둥, 지붕, 펠트 천막과 집안에 장식하는 다양한 러그는 장인(다르항)에 의해 만들어진다. 또한 정교하고 아름다운 게르를 짓기 위해 그림과 조각을 포함해 간단한 디자인에서부터 장식문양에 이르기까지 다양한 공예기술이 사용된다. 지역마다 독특한 특징이 있는데 뛰어난 게르 공예 디자인과 기술은 몽골 전역에서 인기를 얻고 있다.

"장식이 없는 게르는 상상할 수 없으며, 마찬가지로 게르와 말이 없는 몽골인들 또한 상상할 수 없다."고 할 만큼 게르의 구성요소인 토오노(천장), 오니(바큇살), 바가나(기둥)는 복잡한 기술과 다양한 무늬로 장식된다. 단 접이식 벽인 하나는 그것 자체가 번영의 상징적 의미를 나타내기 때문에 채색과 장식을 하지 않는다. 게르의 구성요소에 이루어지는 모든 장식은 디자인과 색채에 있어 서로 조화를 이루며 전체적으로 특별한 의미가 부여된다. 주목할 점은 게르의 부품들의 모든 장식들은 처음과 끝, 중앙, 가장자리 구조에서 각각 나름의 의미를 지니고 있으며, 모두 함께 통일된 상징적 의미를 구성한다는 점이다.

예를 들어 토오노(천장)는 태양을 닮았고 오니(바큇살)은 태양 광선을 닮았으며, 게르의 문과 가구의 모든 장식들은 서로 조화를 이루며 아름답고 다채로운 분위기를 자아낸다. '링' 장식이 게르 구성요소에서 많이 발견되면, 게르가 사실상 여러 부품들을 결합하여 만드는 것이기 때문에 이러한 장식은 유대와 강화 및 결속을 뜻하는 고대의 의미를 지니고 있다.

게르의 기둥인 바가나(багана)에는 곰 머리 장식물을 걸기도 한다. 이는 곰의 머리를 건조해 희생물로 기둥 맨 위쪽에 매달았던 풍습에서 기인한 것이다. 유목민은 기둥에 불의 힘이 깃든 것으로 보고 숭배를 했는데 게르의 기둥은 구조적 기능뿐 아니라 예술과 건축적으로도 중요성을 지닌다.

펠트 장식은 게르의 천막이나 게르의 문, 바닥 덮개, 매트에 다양하게 활용된다. 특히 게르의 상석에는 누빈 방석, 펠트로 만든 깔개, 카펫을 깐다. 펠트는 혼례, 회의 신년과 같이 많은 손님이 방문하면 펼쳐 게르의 바닥을 전부 덮는다.

게르 안의 가구, 장식, 무의 등은 반복되지 않는 특색을 보여준다. 가구들의 장식 무늬는 삶에서 좋은 것들만을 상징하는 것으로 꾸며져 있다. '게르는 벽 말고는 다 장식된다.'고 할 만큼 여러 요소의 장식이 첨가된다. 헤(хээ)라고 불리는 기하학적 모티브를 가진 동물 장식 문양, 소용돌이 모양의 장식 문양, 나선형의 아르가 빌렉(арга билэг) 문양, 이원적 특성을 가진 장식 문양과 금을 이용한 잎맥 문양은 게르의 부품들과 가구에 새겨지며 금박 시트가 그러한 상감 세공에 사용된다.

게르의 출입구이며 손님 초대의 상징적 의미를 지니고 있는 문은 특히 화려하게 장식된다. 현재 몽골의 게르는 나무문만 사용하지만 20세기 중반까지는 우드라고 하는 자수를 놓은 사다리꼴의 펠트 문을 사용했다. 우드는 입구이자 집에 들어오는 자에 대한 환영을 상징하므로 최고급 펠트로 제작하고 상징적인 그림을 수놓았다. 힘과 권세를 상징하는 사자나 호랑이, 용, 코끼리 같은 동물들과 목공예를 나무문에 새겨 장식했다. 이처럼 장식은 단조로워 보일 수 있는 게르의 내부 공간을 예술적으로 표현하여 안락한 공간으로 꾸며주며, 몽골인의 생활과 다양한 현상의 기원과 본질을 묘사하는 전통적 예술표현이다.

이처럼 자연과 우주에 대한 몽골 유목민의 관념과 사상은 게르에 더욱 잘 반영되어 있다. 단순해 보이는 게르 안의 공간은 가족의 질서와 생활의 편의를 위한 상징적 의미를 지닌 가재도구, 장식물의 배치, 위계질서를 드러내는 다양한 요소가 내재해 있다.

50여 개의 민족으로 구성된 몽골의 주거문화는 매우 다층적인 특성을 보인다. 또한 지역에 따라 게르의 형태와 재료, 축조방식, 내부구조는 다소 차이를 지닌다. 게다가 오늘날 유목 생활의 변화는 게르 내부공간 이용에 변화를 주고 있으며, 관광자원으로써 형태와 규모 면에서 현대적으로 재창조되고 있다. 따라서 이러한 몽골의 전통문화 부흥의 움직임에서 게르는 유목문화의 지속가능한 보존과 창조적인 활용의 차원에서 매우 중요하다. 몽골의 전통주거인 게르와 유목민의 생활방식과 우주론적 관념에 대한 이해는 전통문화로서의 게르의 지속가능한 보존과 현대적 활용에 필수적이기 때문이다.

또한 문화적 다양성의 세계적 시각에서 이와 같은 몽골의 문화적 특수성에 대한 존중은 몽골인들에게 지속 가능한 국가의 경제성장을 지원할 수 있는 혁신적이며 강력한 국가브랜드 및 관광산업의 기반을 만드는 데 기여할 수 있다. 이러한 몽골 전통문화의 현대적 활용은 게르 모양의 기념품과 같은 물리적인 재화부터 시작해서 몽골 유목민 게르에서의 홈스테이와 같이 다양한 형태의 관광업 분야로 확장이 가능하다. 따라서 몽골 유목민들의 사상과 관념을 가장 잘 보존하고 있는 전통주거 게르에 대한 이해는 몽골의 전통문화 부흥 움직임을 창조적으로 수용하여 유목문화를 계승함과 동시에 현대적으로 승화하여 창조적으로 보존하기 위한 문화적인 토대를 제공한다.

장재혁 (한국외국어대학교 터키 · 중앙아시아 · 몽골학과 박사과정)

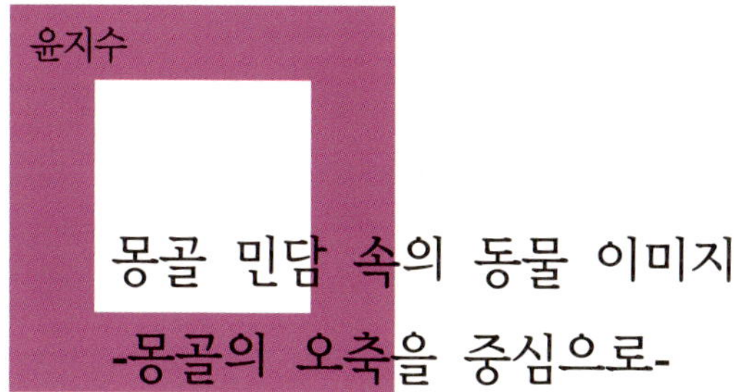

윤지수

# 몽골 민담 속의 동물 이미지

## -몽골의 오축을 중심으로-

오랫동안 유목 생활을 영위해온 몽골인들에게 가축은 매우 중요한 존재였다. 그들은 넓은 초원을 말을 타고 이동했을 뿐만 아니라 양털로 만든 집에서 가죽옷을 입고 젖을 끓여 만든 차와 고기를 먹으며 추운 겨울을 이겨냈다. 즉, 이동을 비롯한 대부분의 의식주를 가축을 통해 해결한 셈이다. 이처럼 몽골인과 가축은 떼려야 뗄 수 없는 관계를 형성해왔는데 그중에서도 말, 낙타, 소, 양, 염소는 몽골의 5대 가축으로 꼽히며 몽골의 유목문화에 필수적인 존재로 자리 잡았다. 몽골어로 타왕 호쇼(таван хошуу)라 불리는 이 가축들은 몽골에서 가장 많이 기르는 동물이자, 몽골인의 일상 문화 속에 깊게 스며있는 동물이다.

이같이 몽골인과 긴밀한 관계를 맺으며 유목문화를 형성하고 있는 오축은 몽골의 민담에서도 다양한 모습으로 나타난다. 그들은 단순한 생활 수단의 의미를 넘어, 강한 권력자를 벌주고 고난과 역경을 이겨내는 단단한 주체로서 민중들에게 쾌감과 용기를 선물해준다. 이 글에서는 몽골의 여러 민담을 통해 이러한 오축의 모습을 살펴보고자 한다.

몽골어로 울게르(үлгэр)라고 하는 민담은 사회적 상황이나 민중의 소망을 상상력을 발휘하여 표현한 이야기를 의미하며, 일반적으로 동물담, 신이담, 생활담, 풍자담으로 나뉜다. 이중 본 글에서 중심적으로 다루고자 하는 오축에 관한 민담은 동물담에 속한다. 몽골에서 동물담은 다른 종류의 민담보다 비교적 양이 풍부하고 내용적인 면에서 교훈과 재미를 담고 있는 것이 특징이다.

이 글에서는 한국어로 번역되어 출간된 몽골 민담 관련 서적들을 기반으로 몽골의 민담에 묘사된 오축의 이미지를 각각 정리하고 전반적인 특징을 파악해보고자 한다. 민담이 당시 민중들의 생활상과 사고방식을 잘 반영한다는 점에서, 오축에 대한 당시 유목민들의 생각과 태도를 파악하고 오랜 시간에 걸쳐 형성된 그들 간의 긴밀한 관계를 보다 구체적으로 살펴볼 수 있을 것이다.

## 말의 이미지

몽골 민담 속의 말은 조력자 이미지로 나타난다. 실제 몽골의 유목 생활에서도 말은 인간과 가깝게 지내며 많은 몽골인의 사랑을 받는데, 민담 속에서도 높은 충성심을 가지고 인간을 돕는 선한 동물로 그려진다. 일례로 '황표마의 옛 이야기'라는 몽골 민담에서는 황표마가 자신의 주인을 위기에서 구출해내는 모습이 등장한다. 어린 망아지인 황표마는 백합체첵 아가씨의 손에서 아름답고 비범하게 자란다. 그녀의 집은 매우 가난했기 때문에 인두세를 내지 못했는데 이 때문에 백합체첵은 왕에게 끌려가 큰 고초를 당한다. 사흘째 되던 날 황표마가 그녀를 찾아내서 왕으로부터 구출하고 함께 집으로 돌아와 평화롭게 사는 것으로 이야기는 끝이 난다. 이같이 '황표마의 옛 이야기'를 통해 권력자의 횡포에 맞서는 약자의 모습과 더불어 주인을 위기에서 구해내는 황표마의 충성심을 엿볼 수 있다.

한편 말은 강자에게 발각되어 위기에 처했을 때 꾀를 내어 강자에 대항하는 영리한 이미지로도 나타난다. 몽골의 민담 '어수룩한 늑대'에서는 말의 꾀에 당하는 어리석은 늑대가 등장한다. 어느 날 수렁에 빠진 말을 발견한 늑대가 말을 잡아먹으려 하자, 말은 꾀를 내어 늑대에게 일단 자신을 수렁에서 꺼내 닦아낸 뒤에 먹으라고 한다. 늑대가 자신을 닦아주자 자신의 발굽에 글이 있으니 그걸 본 뒤 먹으라고 한다. 늑대가 발굽을 보기 위해 말의 발굽 밑으로 얼굴을 들이미는 순간 말은 늑대를 힘껏 걷어차고 도망가 버린다. 이같이 민담 속 말을 통해 어리석은 강자에 대항하는 영리한 약자의 모습을 살펴볼 수 있다.

## 양의 이미지

양은 강자에게 억압당하는 약자의 이미지로 나타난다. 몽골 민담 '이리와 새끼양'과 '암양'에서 이 같은 이미지를 확인할 수 있다. '이리와 새끼양'에서 새끼양은 시냇물에서 물을 마시다가 이리를 만난다. 굶주린 이리는 어린양을 잡아먹기 위해 갖은 구실을 붙이고 영문을 모르는 새끼양은 이에 반박하며 저항하지만 결국 배고픈 이리에게 잡아먹히고 만다. 또한 몽골 민담 '암양'에서는 불공을 드리러 먼 길을 떠나는 검은 암양이 등장한다. 암양은 길을 가던 중 굶주린 늑대를 만나 잡아먹힐 위험에 처하지만, 양은 불공만 드리고 오게 해달라며 간청한 끝에 겨우 목숨을 구한다. 양은 불공을 드린 후 곧 잡아먹힐 자신의 운명을 슬퍼하며 돌아오는데 우연히 토끼를 만나게 된다. 암양의 딱한 사정을 들은 토끼는 묘수를 내서 늑대를 쫓아내고 양을 위기에서 구해낸다. 이처럼 영리한 토끼의 도움으로 위험에서 벗어나는 양의 모습을 통해 힘없는 약자로서의 양의 이미지와 함께, 권력자에 대항하는 하층민들의 모습 또한 살펴볼 수 있다.

한편 양은 스스로 꾀를 내어 강자의 위협에서 벗어나기도 한다. '슬기로운 늙은 산양'에서는 야생 짐승을 혼내주는 영리한 양이 등장한다. 추운 겨울날, 산양 한 마리가 폭설로 길을 잃고 헤매다가 낡은 절을 발견한다. 절 안에 들어가 몸을 녹이고 있는데 길 잃은 이리 한 마리가 절 안으로 들어온다. 절 안이 깜깜하여 이리가 양을 알아보지 못하자 양은 자신을 신이 보낸 사신이라고 하며 거짓말로 이리를 겁준다. 겁에 질린 이리는 허둥지둥 도망쳐 나오던 중 여우를 만나고, 이리가 속은 것을 알아차린 여우는 같이 꼬리를 묶고 다시 들어가 보자고 제안한다. 꼬리를 묶고 절에 들어온 늑대와 여우를 본 양은 다시 꾀를 내어 여우에게 늑대를 겨우 한 마리만 잡아 왔냐며 호통을 치고, 이를 들은 늑대는 여우에게 속았다는 생각에 다시 도망친다. 늑대와 꼬리가 묶여 있던 여우는 도망치는 늑대에 속수무책으로 끌려가다가 결국 죽게 된다. 이처럼 민담 속에서 양은 힘없는 약자의 이미지뿐만 아니라 늑대와 여우라는 강자들을 혼내주는 영리한 이미지로도 등장하고 있다.

## 염소의 이미지

염소는 오만하고 젠체하는 이미지로 등장한다. 몽골 민담 '씨염소'에서 이 같은 이미지를 잘 확인할 수 있다. 눈보라가 치는 어느 날, 오만한 씨염소는 우리 안에서 가장 따뜻한 자리를 독차지하기 위해 먼저 누워 있던 늙은 씨양을 쫓아내고 자신이 그 자리를 차지한다. 그날 저녁, 굶주린 늑대가 우리에 들어와서 씨염소의 옆구리 살을 뜯어 먹는다. 상처 입게 된 씨염소는 끙끙 앓았으나 아무도 오만한 씨염소를 위로해주지 않는다. 화가 난 씨염소는 자신의 힘을 과시하고자 씨양을 공격하기로 마음먹고 씨양을 향해 돌진한다. 그러나 간밤의 상처로 인해 혼자 정신을 잃고 쓰러져 긴 뿔마저 부러지게 된다. 이후 뿔을 잃은 씨염소를 아무도 두려워하지 않게 되었다는 결말로 이야기는 끝이 난다. 이처럼 민담 '씨염소'는 인정 없고 오만한 성격은 결국 화를 입는다는 교훈을 오만한 성격의 주인공인 씨염소를 통해 보여주고 있다.

한편 염소는 늑대와 같은 야생동물로 대표되는 강자와 맞닥뜨렸을 때, 꾀를 내어 위기에서 벗어나는 영리한 이미지로도 나타난다. '오만한 숫염소와 늑대' 이야기 속 염소는 오만한 성격을 가지고 있으나, '씨염소' 이야기 속 주인공처럼 오만한 성격으로 화를 입기보다는 오히려 기지를 발휘하여 늑대를 혼내준다. 오만한 숫염소는 어느 날 늑대를 만나 스스로를 과시하면서, 자신의 후손이 동물의 왕이라고 들었으니 다시는 내 근처에 얼씬대지 말라며 큰소리친다. 이를 들은 늑대는 가소롭다는 듯이 웃으며 나는 너를 한입에 삼켜 먹어버릴 수도 있다고 위협한다. 당장이라도 잡아먹을 듯한 늑대의 모습에 겁먹은 숫염소는 꾀를 내서 자신이 멀리서 달려와 입속으로 뛰어들 테니 입을 벌리고 서 있으라고 말한다. 숫염소는 입을 벌리고 서 있는 늑대를 향해 있는 힘껏 뛰어가 뿔로 늑대를 들이받는다. 염소의 공격에 늑대는 정신을 잃고 쓰러지고, 한참 뒤에 일어나서 염소가 없어진 걸 보고는 자신이 삼켜 먹어버렸다고 생각한다. 이처럼 염소는 오만한 성격으로 화를 입을 뻔했으나 영리함을 발휘하여 위험에서 벗어나고 어리석은 강자를 혼내주는 영리한 약자의 모습을 보여주고 있다.

## 소의 이미지

소와 관련된 동물담에서 소의 이미지는 충성심이나 오만함 같은 내면적 속성보다는, 소의 크고 거대한 외면적 속성이 두드러지고 있다. 예를 들어 몽골 민담 '수소 이야기'를 살펴보면, 옛날 옛적 거대한 수소의 머리, 신장, 엉덩이에 세 부자가 각각 살고 있었다. 수소가 죽자 여우 한 마리가 삼 년 동안 먹고서야 그 소를 다 먹었다. 초원에 남아 있는 소의 어깨뼈에 칠십 명의 군사가 칠십 개의 천막을 치고 사라졌다. 새가 날아와 초원에 있던 소의 어깨뼈를 물고 날아갔다. 어깨뼈를 물고 가던 새는 숫염소의 수염 아래에서 비를 피하던 노인의 눈 속에 어깨뼈를 떨어뜨리고 노파가 노인의 눈을 빨아 어깨뼈를 꺼내주었다. 수수께끼 같은 이야기지만 소의 몸에 사람이 살고, 소의 어깨뼈에 천막을 친다는 내용을 통해 '거대함'이라는 소의 이미지가 강조되고 있음을 확인할 수 있다.

한편 소는 대담한 성격으로 강자에게 적극적으로 대항하는 이미지로 나타나기도 한다. 민담 '보항대' 속 수소 보항대는 어느 날 우연히 늑대를 만나고 늑대가 자신을 잡아먹으려 하지만, 조금도 두려워하지 않고 뿔을 맞대고 싸워보자고 제안한다. 뒤늦게 보항대의 거대한 뿔을 알아차린 늑대는 깜짝 놀라 일단 뿔을 기른 뒤에 다시 오겠다고 둘러대지만 보항대는 늑대가 뿔을 가지고 있다는 얘긴 들어본 적이 없다며 늑대를 몰아세우고 늑대는 꼼짝하지 못한다. 이처럼 자신을 잡아먹으려던 늑대를 혼내주는 보항대를 통해 크고 강한 소의 외면적 이미지와 더불어, 앞선 가축들과 달리 꾀를 통한 우회적인 방법을 쓰지 않고 권력자에게 정면으로 맞서는 강한 하층민의 모습을 살펴볼 수 있다.

## 낙타의 이미지

낙타는 순진하고 어수룩한 이미지를 가지고 있는데 이 같은 이미지는 '낙타가 볼품없이 된 내력'이라는 민담에서 잘 나타나고 있다. 옛날에 낙타는 크고 아름다운 열두 개의 뿔이 있었으나 사슴은 뿔이 하나도 없었다. 낙타의 뿔이 부러웠던 사슴은 이를 빼앗고자 낙타에게 잠시만 멋진 뿔을 빌려달라고 간청하였고 순진한 낙타는 곧 돌려주겠다는 사슴의 말을 곧이곧대로 믿고 빌려준다. 이를 들은 말은 자신도 멋진 꼬리를 갖고 싶어 낙타에게 간청하고, 마음씨 착한 낙타는 곧 돌려주겠단 말을 철석같이 믿고 꼬리를 말과 바꾸어준다. 이후 말과 사슴은 낙타를 비웃으며 뿔과 꼬리를 돌려주지 않게 되었고, 낙타가 물을 마시다가 이따금 목을 빼 먼 산을 보는 이유는 "사슴이 내 뿔을 갖고 오려나?" 하는 기대감 때문이라고 한다. 이처럼 뿔과 꼬리를 모두 빼앗긴 낙타의 모습을 통해 낙타의 순진하고 어수룩한 이미지를 확인할 수 있다.

또한 낙타는 모자의 이미지로 등장하는데 이때 어미 낙타는 강한 모성애를 지닌다. 이 같은 특징은 '엄마 없는 흰 아기 낙타' 이야기에서 두드러지게 나타난다. 옛날에 한 부자가 하늘나라 임금님께 흰 낙타 100마리를 선물했는데, 이 과정에서 엄마 낙타는 100마리에 포함되어 하늘나라로 떠나고 아기 낙타는 혼자 남게 된다. 어미와 생이별한 아기 낙타는 엄마를 다시 만나기 위해 먼 길을 떠나고, 여러 고난과 역경을 견뎌낸 끝에 엄마 낙타를 다시 만나게 된다. 엄마 낙타와 아기 낙타는 기쁨의 눈물을 흘리지만, 엄마 낙타는 아기 낙타에게 젖을 먹여주다가 죽음을 맞이하게 된다. 슬픔을 딛고 다시 고향으로 돌아온 아기 낙타는 더부살이 처녀의 손에서 건강하게 자라 크고 흰 씨낙타가 되면서 이야기는 끝이 난다. 고난과 역경에도 용기를 잃지 않고 성장한 아기낙타와 더불어 모자간의 사랑, 어머니의 강한 모성애를 확인할 수 있다.

## 정리

지금까지 몽골 민담 속에 나오는 오축의 이미지를 말, 양, 염소, 소, 낙타 순으로 나누어 살펴보았다. 말은 실제 유목 생활에서처럼 이동 수단의 역할을 할 뿐만 아니라 주인에게 충성을 다하는 든든한 조력자로 등장하기도 하고, 목숨을 잃을 위기에 처했을 땐 꾀를 내어 포식자에게서 벗어나는 영리한 모습을 보였다. 양은 몽골인들이 많이 먹는 가축답게 잡아먹히거나 요리의 대상이 되면서 강자에게 억압당하고, 다른 동물의 도움으로 위기에서 벗어나는 약자의 이미지를 보여주었다. 그러나 종종 꾀를 내어 강자를 혼내주는 슬기로움도 지니고 있었다. 한편 민담 속의 염소는 비록 외형은 볼품없이 마르고 허약하지만, 자신의 뿔에 대한 자부심이 크고, 오만하고 거드름 피우는 성격을 가지고 있었다. 이러한 염소의 오만한 성격은 늑대의 심기를 건드려 위험한 상황에 빠지기도 했으나, 자신의 뿔과 꾀를 이용하여 강자와의 대결에서 이기고 위험에서 벗어나는 슬기로운 모습을 보여주었다. 소는 내면적인 측면보다는 크고 거대한 외형적 속성이 강조되었다. 즉, 소는 '크다'는 성질이 강조되어 거대한 몸집과 강한 힘으로 늑대와 같은 강자와의 대결에서 두려워하지 않는 모습을 보여주었다. 적극적이고 대담한 태도로 강자에게 정면 대응하며 거대한 뿔을 이용하여 강자를 물리치는 모습을 보여주었다. 한편 낙타는 순진하고 어수룩한 이미지로 다른 동물에게 종종 당하기도 하지만 자신에게 닥친 고난과 역경을 끈기 있게 이겨내는 강단 있는 동물로 그려졌다. 또한 어미낙타와 아기낙타, 혹은 새끼를 밴 암낙타와 같이 모자 관계로 등장하는 경우에 어미낙타는 강한 모성애를 지니고 있었다.

이같이 말, 양, 염소, 소, 낙타는 몽골의 여러 민담에서 각각의 독특하고 뚜렷한 이미지로 등장하고 있지만, 공통적으로 강자인 야생짐승과의 대결 상황이 닥쳤을 땐 강자를 물리치고 승리하는 모습을 보여주었다. 강자는 야생짐승, 특히 늑대로 많이 나타나고 있었다. 이같이 오축이 야생짐승과의 대결에서 이기는 결말은, 오축에 대한 몽골인들의 친근감과 우호적인 시선이 반영된 것이라고 할 수 있다. 그들은 오랜 기간 유목 생활을 영위하면서 야생짐승보다 가축과 더 가깝게 지냈을 것이고, 깊은 친밀감을 형성했을 것이다.

또한 민담 속에서 같은 종의 가축이라도 ‘한 살배기 망아지(унага)’, ‘두 살배기 망아지(даага)’ 등 나이 별로 부르는 명칭이 다르게 나타나는데 이 또한 오축에 대한 친근함이 반영된 것이라고 볼 수 있다. 이같이 나이 별로 부르는 명칭이 다른 이유는 몽골인들이 각각의 가축들에게 인성을 부여하기 때문이다. 과거부터 오랜 시간 동안 가축을 기르며 유목 생활을 이어온 몽골인들에게 가축의 존재는 단순한 이동수단이나 음식 이상의 의미였다. 드넓은 초원에서 게르를 짓고 이동하며 사는 삶 속에서 오축은 늘 그들의 주변에 머무르며 일상을 함께하고 때로 힘과 위로를 주기도 하는 소중한 존재였을 것이다. 오축에게 유목민들이 쏟는 애정과 돌봄이 이같이 다양한 방식으로 나타난 것이라고 할 수 있겠다.

윤지수 (한국외국어대학교 터키 · 중앙아시아 · 몽골학과 박사과정)